SEI
SICHTBAR

AF637995

Die Autor*innen

Abigail Edele
Aminata Touré
Augusto Capece
Bilal Lew
Carlotta Nwajide
Dr. Amma Yeboah
Dr. Natasha A. Kelly
Dr. Pierrette Herzberger Fofana
Elliot Blue
Fayim
Furat Abdulle
Jannick Leon Philip
John Ehret
Josephine Apraku
Liban Farah
Maimuna Sallah
Mariela Georg
Maseho
Mariela Iracema Georg
Nicole Gehle
Queenwho
Ren Diallo
Sista Oloruntoyin
Stefanie-Lahya Aukongo
Tahir Della
Thelma Buabeng
Trish P. Schultz
Zoe

Herausgeber*innen

Teresa Awa
Tabea Erhart
Sandra Mawuto Dotou
Sheeko Ismail

Mit Illustrationen von Tabea Erhart

Das Buch

Das Buchprojekt **„Look At Us - Galerie der Schwarzen Vorbilder & Held*innen in Deutschland"** ist eine Galerie Schwarzen Lebens und Schaffens in Deutschland, die Schwarze Vorbilder und Held*innen vorstellt. In diesem Buch werden 28 Schwarze Personen unterschiedlicher Professionen und ihre persönlichen Erfahrungen vorgestellt. Somit wird aufgezeigt, wie sie die Gesellschaft in Deutschland beeinflussen und mitgestalten. Derzeit sind unsere Stimmen in vielen entscheidenden Positionen immer noch unterrepräsentiert und immer noch ist es ein Kampf, unsere Sichtbarkeit in öffentlichen Räumen zu etablieren. Mit diesem Projekt wollen wir einen gezielten Fokus auf dieses Thema legen. Die Protagonist*innen haben die Texte selbst verfasst, weshalb sie in ihrem Stil und inhaltlich unterschiedliche Schwerpunkte aufweisen. Beispielsweise erfahren die Leser*innen, wie die Vorbilder und Held*innen zusammengefunden haben, was ihre Visionen sind und wie sie zu den Personen geworden sind, die sie heute sind. Mit unserem Buchprojekt möchten wir, als Schwarze Community, uns gegenseitig motivieren, inspirieren und Black Joy/ Black Excellence in Deutschland feiern.

LOOK AT US

GALERIE DER SCHWARZEN VORBILDER
& HELD*INNEN IN DEUTSCHLAND

Impressum

Look at Us. Galerie der Schwarzen Vorbilder
Herausgegeben von Teresa Awa, Tabea Erhart, Sandra Mawuto Dotou und Sheeko Ismail
© akono Verlag, Leipzig 2023
Die Rechte der Texte liegen bei den Autor*innen. Wir bedanken uns für die Abdruckgenehmigung.

akono

Erste Auflage 2023
ISBN: 978-3-949554-15-5
ISBN (E-Book): 978-3-949554-22-3

Illustrationen: © Tabea Erhart
Gestaltung und Satz: Sandra Mawuto Dotou
Lektorat: Teresa Awa und Jona Elisa Krützfeld
Druck: wirmachendruck.de

Bibliographische Informationen der Deutschen Nationalbibliothek
Die Deutsche Nationalbibliothek verzeichnet diese Publikation in der Deutschen Nationalbibliographie; detaillierte bibliografische Daten sind im Internet über www.dnb.de abrufbar.

Alle Rechte vorbehalten. Kein Teil dieses Werkes darf in irgendeiner Form (durch Fotografie, Mikrofilm oder andere Verfahren) ohne schriftliche Genehmigung des Verlages reproduziert oder unter Verwendung elektronischer Systeme verarbeitet, vervielfältigt oder verbreitet werden.

Wir sind hier und alles ist möglich!

Für all diejenigen Schwarzen Kinder
und Erwachsenen, denen immer wieder gesagt
wurde, sie könnten aufgrund ihrer Hautfarbe
niemals ihre Träume in Deutschland verwirklichen.

Persönlichkeiten

Vorwort

Liebe*r Leser*in,

du hältst gerade ein Buch in deinen Händen, das wir über einen langen Zeitraum für dich zusammengestellt haben. Wir, das sind vier Personen mit unterschiedlichen Interessen und Leben. Was wir miteinander - und vielleicht auch mit dir - teilen, ist die Erfahrung, Schwarz in Deutschland zu sein. Aus dieser Erfahrung heraus sind uns einige Dinge aufgefallen: Wir kennen mal persönlich, mal über Ecken und Umwege, so viele Schwarze Menschen, die unheimlich tolle Dinge schaffen. Diese Menschen inspirieren uns Tag für Tag. Gleichzeitig sehen wir diese wunderbaren Personen nur selten in der Öffentlichkeit vertreten. Das Buch in deinen Händen möchte daran etwas ändern!

Dieses Buch ist eine Galerie. Wie ein Museum soll es ein Ort sein, an dem wir Schwarzes Leben und Wirken in Deutschland vorstellen und feiern. Die Texte, die du in diesem Buch findest, sind sehr verschieden. Einige sind lang, andere kurz. Es gibt politische und persönliche Texte und solche irgendwo dazwischen. Die Texte sind so unterschiedlich, weil sie von den Menschen geschrieben wurden, die sich in ihnen vorstellen. Die Protagonist*innen dieses Buches sind echte Menschen. Hier geben sie dir einen Einblick in das, was sie tun: in ihre politische, künstlerische, und professionelle Arbeit; vor allem aber auch in ihr Leben als rassialisierte Personen in Deutschland.

Was in einer Galerie natürlich nicht fehlen darf, sind Bilder. Wenn wir etwas auf schöne Art und Weise darstellen, dann drücken wir damit unsere Wertschätzung aus. Wir wollten die Menschen, die sich hier vorstellen, in den schönsten Farben zeichnen. Genau das haben wir auch getan: Zu jeder Person findest du ein illustriertes Porträt, das die Protagonist*innen in ihrer ganzen diversen Schönheit zeigt.

Wir hoffen, du findest in diesem Buch Vorbilder, Trost, Mut, Inspiration oder einfach nur das Gefühl, in deiner Erfahrung nicht alleine zu sein.

Fühl dich frei, die Seiten des Buches zu durchstöbern und zu erkunden wie ein Museum. Die Biographien sind alphabetisch geordnet. Es gibt also keine feste Reihenfolge, in der sie gelesen werden sollen. Wir wünschen dir viel Spaß beim Blättern, Ansehen, Lesen und Inspiration-Sammeln. Vor allem aber dabei, aus den Erfahrungen unserer Protagonist*innen all das zu nehmen, was du brauchst, um deinen eigenen Weg zu gestalten!

Sheeko
Tabea
Teresa
Mawuto

[1] Schwarz schreiben wir mit großem S, um zu verdeutlichen, dass es sich dabei nicht um eine Hautfarbe oder gar »Rasse« handelt, sondern um eine soziale und politische Konstruktion in einem globalen Machtgefüge.

Schwarze Vorbilder & Held*innen in Deutschland

KÜNSTLERIN

Abigail Edele

"You may think I'm small, but I have a universe inside my mind."
- Yoko Ono

Übersetzung
Du magst mich für klein halten, aber in meinem Geist befindet sich ein Universum

Ich bin Abigail Edele und stecke hinter **Abbysoul**. Ich komme aus Ghana und wurde in Hannover geboren. Derzeit lebe ich in Bremen.

Abbysoul entstand eigentlich als ein kleines Geschenk an mein jüngeres Ich. Ich wollte mir das zurückgeben, was mir fehlte. Repräsentation in Kunst und Poetry. Ich fing an, meine Erlebnisse und Alltagserfahrungen erstmal in Gedichten und später in Illustrationen zu teilen. Ein großes Dankeschön an meine zwei Arbeitskolleginnen, die mich 2020 auf den Kunststil der Illustration aufmerksam gemacht haben, mit dem ich heute viel arbeite. Zuvor hatte ich ab und zu mal mit Acrylfarbe gemalt, um meine Gefühle und Gedanken zum Ausdruck zu bringen. Ich hoffe, dass meine Illustrationen und Gedichte auch ein Geschenk für andere sein können.

POLITIKERIN

Aminata Touré

Mein Name ist Aminata Touré. Ich wurde am 15.11.1992 in Neumünster geboren und bin dort mit mit meinen drei Schwestern aufgewachsen. Meine Eltern sind aus Mali nach Deutschland geflohen. Die ersten fünf Jahre meines Lebens habe ich mit meiner Familie in einer Gemeinschaftsunterkunft im Stadtteil Faldera in Neumünster gelebt. 2011 habe ich mein Abitur an der Gemeinschaftsschule Faldera gemacht. Danach habe ich Politikwissenschaft und Französische Philologie an der Christian-Albrechts-Universität zu Kiel studiert. Von 2014 bis 2017 habe ich erst als studentische Hilfskraft, dann als persönliche Referentin und wissenschaftliche Mitarbeiterin für die Bundestagsabgeordnete Luise Amtsberg der Fraktion BÜNDNIS 90/DIE GRÜNEN gearbeitet. 2012 wurde ich dann Mitglied und Sprecherin der **Grünen Jugend** in Kiel. Im selben Jahr bin ich BÜNDNIS 90/DIE GRÜNEN beigetreten. Von 2013 bis 2017 war ich Sprecherin der **Landesarbeitsgemeinschaft Migration und Flucht** und von 2016 bis 2017 war ich Beisitzerin im Landesvorstand von BÜNDNIS 90/DIE GRÜNEN in Schleswig-Holstein. Am 29. Juni 2017 rückte ich für Monika Heinold, die in der neuen Regierung Finanzministerin wurde, in den schleswig-holsteinischen Landtag nach.

Ich war in meiner Fraktion lange Sprecherin für Migration und Flucht, Antirassismus, Frauen und Gleichstellung, Queerpolitik, Religion sowie Katastrophenschutz & Rettungsdienst. Außerdem war ich Mitglied des Innen- und Rechtsausschusses und des Parlamentarischen Untersuchungsauschusses sowie stellvertretendes Mitglied des Petitionsausschusses des Landtages. Seit dem 28. August 2019 war ich außerdem Vizepräsidentin des schleswig-holsteinischen Landtages. Damit bin ich die erste afrodeutsche und jüngste Vizepräsidentin in Deutschland. Gemeinsam mit Monika Heinold trat ich bei der Landtagswahl am 8. Mai 2022 im Spitzenduo für BÜNDNIS 90/DIE GRÜNEN an. Die Wahl lief für uns sehr erfolgreich. So erfolgreich sogar, dass ich am 29. Juni 2022 zur Ministerin für Soziales, Jugend, Familie, Senioren, Integration und Gleichstellung vereidigt wurde.

GRÜNDER & GESCHÄFTSFÜHRER

Augusto Capece

Ich wurde am 28.05.1991 in Mosambik geboren und wanderte mit vierzehn Jahren nach Deutschland aus, um zu meiner Mutter und meinen Geschwistern zu ziehen, die bereits hier lebten. Mit der Auswanderung begann ein neues Kapitel in meinem Leben, denn ich wurde von meinen Wurzeln, bestehend aus Freundschaft, Familie und Schule abgetrennt, und musste in Deutschland neue Wurzeln schlagen. Bei meiner Ankunft sprach ich kein einziges Wort Deutsch und hatte keine Idee, was mich dort erwarten würde – bis auf die Tatsache, dass ich endlich meinen Bruder kennenlernen und meine Schwester und Mutter wiedersehen konnte. Seitdem sind einige Jahre vergangen und ich habe neue Wurzeln geschlagen. Da ich meine Jugend sowohl in Mosambik als auch in Deutschland verbracht habe, betrachte ich mich heute als Resultat zweier Kulturen. Trotz der anfänglichen sprachlichen Barrieren habe ich nach meiner Ankunft ein Gymnasium in Bremen besucht und meine Hochschulreife absolviert. Während meiner Schulzeit entdeckte ich durch meinen besten Freund die Liebe zur Unternehmensgründung und wir beschlossen, gemeinsam ein Unternehmen zu gründen. Neben dem Unternehmertum und meiner Arbeit an der Fachhochschule für Ökonomie und Management habe ich dann noch **Business Administration** studiert.

Beide Kulturen haben mich geprägt und zu der Person gemacht, die ich heute bin: Ich habe das Beste aus beiden Kulturen vereint, zum Beispiel die deutsche Pünktlichkeit, Genauigkeit und das mosambikanische Durchhaltevermögen, die Belastbarkeit und ein familiäres Denken.

Als Unternehmer und Investor fokussiere ich mich heute vor allem darauf, Unternehmen und Institutionen beizubringen, wie sie Technologie nutzen können, um den geschäftlichen Alltag oder den Alltag im Allgemeinen zu verbessern.

Hinzu kommt, dass ich mich oft mit gesellschaftlichen Herausforderungen vor allem Schwarzer Menschen in Deutschland auseinandersetze. Ich bin dabei allerdings eher pragmatisch und konzentriere mich auf die Probleme, für die ich glaube, auch eine Lösung finden zu können. Ich bin sehr dankbar für das, was die Schwarzen Revolutionäre wie Nelson Mandela, Malcolm X und Martin Luther King verändert haben. Denn ich glaube, dass sie mit den damals zur Verfügung stehenden Mitteln das heutige Leben von Schwarzen Menschen geprägt haben. Jetzt sind wir an der Reihe, das Morgen für die kommende Generation zu gestalten – mit den Mitteln, die wir zur Verfügung haben, wie zum Beispiel der Bildung.

Ich sehe mich noch am Anfang meines Weges und möchte noch viel lernen. Ich hoffe, mit meiner Arbeit die Welt ein kleines Stück besser zu machen. Dabei geht es mir nicht darum, die komplette Welt alleine zu verändern, sondern ich bin überzeugt, dass alles im eigenen Umfeld anfängt, in der Hoffnung, dass dieses es weiter in die Welt tragen wird.

In Zukunft möchte ich viel mehr Zeit mit Lesen verbringen, um mich weiterzuentwickeln und gleichzeitig andere auf ihrem Weg zu unterstützen. Meine Empfehlung an alle Leser*innen:

„Sag **Ja** zu dir und zu deinen Träumen – Du wirst oft im Leben ‚Nein' hören. Ich möchte dir Mut machen, weiterzumachen, denn die Leute kennen deine Träume nicht und haben nicht das Recht, dich davon abzuhalten. Viele Menschen werden versuchen, dir zu sagen, dass du es nicht kannst, jedoch reden sie oft von sich selbst und nicht von dir. Wichtig ist es, an sich zu glauben und seine Träume weiterzuverfolgen, auch wenn viele daran nicht glauben. Sei kreativ, sei stark und habe den Mut, deine Träume zu leben."

"I am the power I need to grow"

DICHTER

Bilal Lew Gaidenko

Neunzehn
Eine Trostlosigkeit liegt in mir
Sehnsucht nach Schutz
Sehnsucht nach Gewissheit
Warum sie? Warum wir?
Wut wandelt sich in Frust
Wir heißen wie sie
Wir leben wie sie
Für immer und ewig
Für immer und ewig

Ein Jahr danach
Rassistische Geschichte
Rassistische Gegenwart
Erkennbare Unterschiede
Gemeinsamkeiten sind zu spüren
Aufarbeitung nicht vorhanden
Sicherheit nicht zu fühlen
konsequent ist
permanent ist
Deutschlands rassistisches Sein

Ernste Naivität
Hoffend auf einen Sieg
Möchte sie bekriegen
Besser sein als sie
Doch werde ich besser sein als sie?

Will einen friedlichen Frieden
Mit dem Ziel des Friedens
Kann meiner Naivität keinen Ernst schenken
Fange an sie zu lieben
Aber meine es doch ernst

Lass uns einen Sturm
Und in Unruhe tanzen
An einen echten Frieden denken
An einen echten Sieg
In Richtung Freiheit lenken
Lass uns besser sein als sie
Besser sein als sie

Ich heiße Bilal Lew Gaidenko und bin 17 Jahre alt. Ich bin in Rostock geboren und lebe seit meinem siebten Lebensjahr in Hamburg. Ich schreibe seit ungefähr sechs Jahren Gedichte, die ich als mein Sprachrohr nutze. Außerdem sind Gedichte für mich eine Form Therapie, da ich mich durch sie so transparent, wie es mir möglich ist, ausdrücken kann. In Gedichten verarbeite ich meine Erfahrungen, die ich als afrodeutscher Mensch in Deutschland mache und setze mich mit gesellschaftlichen Strukturen auseinander.

OLYMPIONIKIN & AKTIVISTIN

Carlotta Nwajide

Ich heiße Carlotta und bin deutsche Olympionikin und Aktivistin. Mein Sport ist das Rudern, in dem ich mehrfache deutsche Nachwuchsmeisterin sowie Vize-Weltmeisterin 2018 und Europameisterin 2019 bin. Neben meinem Sport studiere ich Geographie.

Ich bin in Hannover aufgewachsen und habe dort in der fünften Klasse in einer AG an meiner Schule mit dem Rudern begonnen. Vorher kannte ich die Sportart gar nicht so wirklich. Außerdem galt ich laut meiner Grundschullehrerin immer als unsportlich. Ich glaube, ich bin vor allem beim Rudern geblieben, da ich dort meine ersten sportlichen Erfolgserlebnisse hatte und zum ersten Mal gut in einer Sportart war. Das machte mir Spaß.

Mittlerweile lebe ich in Berlin. Hier trainiere ich gemeinsam mit dem Nationalteam. Der Höhepunkt meiner bisherigen sportlichen Karriere war die Teilnahme an den **Olympischen Spielen** 2021, bei denen ich im Doppelvierer den fünften Platz belegte. Der fünfte Platz war nicht ganz das Ergebnis, das wir uns erhoffen, denn mein Team und ich waren in der olympischen Saison Weltcup-Gesamtsiegerinnen und gingen als Medaillenfavoritinnen in das Olympische Finale. Ein Ruderrennen ist 2000 Meter lang. Davon lagen wir in unserem Olympia-Finale etwa 1850 Meter deutlich auf dem zweiten Platz, bis eine Teamkameradin von mir an einer Welle hängenblieb.

Wir konnten also nicht weiter rudern, da sich ihr Ruder im Wasser verhakte, und unsere Gegnerinnen aus Polen, Australien und Italien fuhren kurz vor dem Ziel an uns vorbei. Statt einer olympischen Silbermedaille, von der ich immer geträumt hatte, bekamen wir den fünften Platz. Für uns war das eine unglaublich bittere und enttäuschende Niederlage und wir brauchten einige Zeit, um das zu verarbeiten.

Mit etwas Abstand bin ich trotzdem stolz darauf, bei **Olympia** dabei gewesen zu sein und ich glaube, dass (auch wenn eigentlich mehr möglich gewesen wäre) ein fünfter Platz dort eine gute Leistung ist.

Zusätzlich zum Sport setze ich mich in meiner Rolle als Athletin antirassistisch ein und nutze meine Position, um auf die Klimakrise aufmerksam zu machen. In Organisationen und in der Öffentlichkeit halte ich regelmäßig Workshops und Vorträge zum Umgang mit Rassismus und gebe Interviews dazu. Ich bin außerdem Mitglied in einer Anti-Rassismus-AG mit anderen Sportler*innen des deutschen Spitzensports. Unser Ziel ist es, dort Strukturen zu verändern und auf den Rassismus in Sportverbänden und in der Gesellschaft aufmerksam zu machen.

Natürlich ist diese Arbeit manchmal sehr mühsam und anstrengend. Ich merke aber, dass ich mit meiner Arbeit Menschen erreichen und Dinge verändern kann und das motiviert mich weiterzumachen.

"No one is going to give you the education you need to overthrow them. Nobody is going to teach you your true history, teach you your true heroes, if they know that that knowledge will help set you free."

- Assata Shakur

Übersetzung
Niemand wird dir die Bildung geben, die du brauchst um sie umzustürzen. Niemand wird dir deine wahre Geschichte beibringen, dir von deinen wahre Held*innen erzählen, wenn sie wissen, dass es dieses Wissen ist, das die hilft dich zu befreien.

FACHÄRZTIN & DOZENTIN

Dr. med. Amma Yeboah

Mein Name ist Amma Yeboah. Ich wurde im Jahr 1979 in Wamfie, Ghana als zweite Tochter geboren. Während meiner ersten Schuljahre besuchte ich die Primary School auf dem Campus der Kwame Nkrumah University of Science and Technology in Kumasi, Ghana. Die schönsten Erinnerungen habe ich an die Nachmittage auf dem Gelände der Kinderbibliothek, wo ich meistens Fußball und Tennis gespielt und manchmal gemeinsam mit Freund*innen Bücher gelesen habe. Nach der Grundschule besuchte ich die Junior Secondary School, dann anschließend die Senior Secondary School in Gaborone, Botswana. Meine Lieblingsfächer waren Physik, Mathematik und Chemie. Auch Kunst und technische Zeichnung sowie Design und Technologie habe ich sehr gemocht. Andere Fächer wie Biologie, Englisch, Französisch, Sozialkunde und Geographie fand ich ganz in Ordung. Geschichte mochte ich gar nicht und habe mich mit viel Trickserei aus dem Unterricht geschlichen. Ich war im Debattier-Club und mein Team war sehr gefürchtet. In der Freizeit habe ich Tischtennis, Basketball und Cricket gespielt. Nach dem Abitur mit 16 Jahren habe ich an einer Privatschule in Berlin angefangen, Deutsch zu lernen. Ich wollte nämlich Physik und Medizin studieren. Während des Studiums in Berlin habe ich auch viel Zeit in den Ferien im namibischen Windhuk verbracht.

In meinem Beruf als Fachärztin für Psychiatrie und Psychotherapie sowie als Dozentin und Supervisorin untersuche ich, wie Menschen ihre schmerzhaften Erinnerungen und Erfahrungen überwinden, innere Ruhe finden, und friedlicher miteinander leben können. Vor allem interessiere ich mich dafür, Räume zu schaffen, in denen sich Menschen frei entfalten können.

„Jede Person ist ein einmaliger Ausdruck des Lebens und sollte in ihrer Einzigartigkeit so viel Raum einnehmen dürfen, wie dieser Raum keine weiteren Lebensformen einschränkt."

AUTORIN & PROFESSORIN

Dr. Natasha A. Kelly

Mein Name ist Natasha A. Kelly. Viele Menschen fragen mich, wofür das große A steht. In der Karibik, wo meine Großfamilie lebt, haben fast alle einen Buchstaben im Namen. Es ist meistens die Abkürzung des zweiten Vornamens. Häufig werden karibische Kinder nach ihren Paten oder Großeltern benannt. Meinen zweiten Vornamen habe ich von meiner Patentante bekommen. Sie wurde nach einer berühmten französischen Königin benannt, aber wie sie heißt, werde ich euch nicht verraten. In Frankreich war ich zwar schon einmal, aber mein Französisch ist nicht so gut. In meinem Elternhaus sprachen wir Englisch. Deutsch habe ich erst später in der Schule gelernt. Heute kann ich besser Deutsch sprechen als Englisch: Ich träume deutsch, ich denke deutsch und ich lese und schreibe am liebsten auf Deutsch.

In meinem Beruf als Professorin schreibe ich viel. Ich habe schon einige Bücher geschrieben und herausgegeben. Heute schreibe ich an einem Ort, der viele Hunderte von Kilometern weit weg ist von meiner deutschen Heimat in Berlin. Ich lebe nämlich zurzeit in den USA, wo ich dieses Semester an einer US-amerikanischen Universität Schwarze deutsche Geschichte unterrichte. Dieses Fach gibt es an deutschen Universitäten noch nicht. Wenn ich in Deutschland bin, dann arbeite ich im Kunstbereich. Meine Kunstinstallationen wurden schon in verschiedenen deutschen Museen gezeigt, wie dem Deutschen Historischen Museum in Berlin oder dem Deutschen Hygiene Museum in Dresden. Ich arbeite aber nicht nur im visuellen Bereich, sondern in verschiedenen Sparten, zum Beispiel im Film.

Mein Debütfilm „Millis Erwachen“ (2018) habe ich in vielen Ländern zeigen dürfen: in den USA, in Australien, Indien, Brasilien und in verschiedenen Ländern Europas. In den USA wurde er mit dem Black Laurel Film Award ausgezeichnet. Das ist ein Preis, der an Schwarze Künstler*innen in verschiedenen Kategorien verliehen wird. Ich habe ihn für den besten Film in der Kategorie „Dokumentation“ bekommen.

Es macht zwar sehr viel Spaß mit Film zu arbeiten, aber noch lieber arbeite ich am Theater. Ich erzähle sehr gerne Geschichten, die auf der Bühne inszeniert werden. Zwei meiner Bücher wurden bereits fürs Theater adaptiert. Eins davon wurde sogar in drei Sprachen und drei Ländern aufgeführt, nämlich in den USA, in Deutschland und Brasilien.

Was alle meine Arbeiten aber gemeinsam haben, egal ob Buch, Film oder am Theater, ist, dass sie Schwarze Geschichten erzählen: Geschichten von Schwarzen Menschen, die während der Kolonialzeit im deutschen Kaiserreich gelebt haben oder Geschichten von Schwarzen Menschen in der Weimarer Republik. Ich erzähle aber auch gerne Geschichten, die in der Gegenwart spielen und mag auch Geschichten, in denen Schwarze Menschen in der Zukunft angekommen sind. Seit einigen Jahren leite ich eine Theatergruppe, die Stücke aufführt, die an die afrodeutsche Poetin May Ayim erinnern. Sie war auch Autorin, Künstlerin und Wissenschaftlerin und ist mein großes Vorbild.

AUTORIN & PROFESSORIN

Dr. Pierrette Herzberger-Fofana

Ich bin seit dem 26. Mai 2019 für BÜNDNIS 90/DIE GRÜNEN Abgeordnete im Europa-Parlament, wo ich mich als erste afrodeutsche Abgeordnete für ein demokratisches, anti-rassistisches, menschenwürdiges und vielfältiges Europa einsetze. Ich bin erste stellvertretende Vorsitzende des Entwicklungsausschusses und der Delegation für die Beziehungen zum **Panafrikanischen Parlament[1],** Ko-Präsidentin der Intergruppe des Europäischen Parlaments für „Antirassismus und Vielfalt", Mitglied in der Delegation im Parlamentarischen Ausschuss Karibik-Forum-EU und Stellvertreterin im Ausschuss für die Rechte der Frauen und der Gleichstellung der Geschlechter. Außerdem arbeite ich im Ausschuss für auswärtige Angelegenheiten und in der Delegation der **Paritätischen Parlamentarischen Versammlung AKP-EU[2]** mit.

Geboren wurde ich in Mali. Mein Vater arbeitete als Apotheker und Dozent an der medizinischen und pharmazeutischen Fakultät in Dakar, wo ich auch aufwuchs. Meine Mutter stammt aus Kapverde. Nach meinem Studium in Romanistik und Germanistik in Paris, München und Trier schrieb ich an der Universität Erlangen-Nürnberg meine Doktorarbeit. Danach arbeitete ich als wissenschaftliche Mitarbeiterin, Gymnasiallehrerin und Lehrbeauftragte an verschiedenen Universitäten in Deutschland. In dieser Zeit veröffentlichte ich Forschungsarbeiten auf Französisch und Deutsch, in denen es um die Themen Frauen, Rassismus und die afrikanische Diaspora ging.

2005 wurde ich dann als erste Afrikanerin in Deutschland in einen Stadtrat gewählt, wo ich bis 2019 Mitglied blieb.

Schwerpunkte meines Engagements waren damals, und sind es noch heute, Themen wie Entwicklungspolitik, Diskriminierung, Rassismus und Gewalt gegen Frauen. Ich setze mich für die Abschaffung der Genitalverstümmelung, für Empowerment von Mädchen und Frauen, Migrant*innen, Senioren*innen und Jugendlichen ein.

In Erlangen war ich von 2007 bis 2014 Schöffin[3] am Amtsgericht für das Jugendgericht. 2009 habe ich gemeinsam mit anderen die **Internationalen Wochen gegen Rassismus** gegründet. 2013 war ich die Initiatorin von **Schule ohne Rassismus** des Ohm-Gymnasiums Erlangen. 2015 rief ich die **Black History Weeks**, eine alljährliche Veranstaltung im Rahmen der UN-Dekade für Menschen afrikanischer Abstammung ins Leben. In diesem Rahmen konzipierte ich unter anderem 2016 die Ausstellung **Verborgene Helden und Heldinnen des transatlantischen Sklavenhandels** und 2018 die Ausstellung **Frauen aus Afrika und der Diaspora**. Ich setze mich auch auf internationaler Ebene für die Themen ein, die mir am Herzen liegen. So sprach ich beispielsweise vor der UN- Frauenrechtskommission und der Menschenrechtskommission in Genf sowie in New York bei der **Commission on the Status of Women**.

Ich freue mich, dass meine Arbeit in Deutschland und auch international wahrgenommen und anerkannt wird. So erhielt ich schon einige renommierte Preise aus dem In- und Ausland – darunter aus den USA, England, Senegal und Burkina Faso.

1 Das Panafrikanische Parlament ist so etwas wie die afrikanische Version des EU-Parlamentes.
2 AKP steht hier für Länder Afrikas, der Karibik und des Pazifiks.
3 Ein*e Schöff*e*in ist eine ehrenamtlich eingesetzte Person, die bei Gerichtsverhandlungen zusammen mit dem Richter oder der Richterin die Tat des/der Angeklagten beurteilt und das Maß der Strafe festlegt.

KÜNSTLER*IN

Elliot Blue

Ich bin Elliot Blue. Als abinärer[1] interdisziplinärer Künstler konzentriere ich mich hauptsächlich auf Film und Lichtdesign. Der gemeinsame Punkt in meiner künstlerischen Praxis ist das Erzählen von Geschichten und darüber hinaus das Stellen von Fragen: Fragen danach, wie eine Gesellschaft aufgebaut ist und wie wir uns darin positionieren, wie wir diese Strukturen reproduzieren, wie wir sie hinterfragen und wie eine Welt aussehen würde, in der wir alle gleichermaßen existieren dürfen.

Ich habe zwei Online-Filmscreening-Plattformen mitgegründet: **Afrofilm** und das **Trans* Teen Film Festival**. **Afrofilm** zelebriert die Werke von Schwarzen Filmemacher*innen. Das **Trans* Teen Film Festival** fördert Teenager, die sich als Inter*[2], Two-Spirit[3] oder Trans* definieren sowie deren filmische Werke. Dazu wurden vier von meinen Filmen („The Shore", „Black is me", „Home?" und „No Romo") auf Filmfestivals auf der ganzen Welt gezeigt. Seit 2016 gebe ich auch Filmworkshops für Menschen jeden Alters, vorzugsweise für diejenigen, die gesellschaftliche Marginalisierung erfahren. Ich bin überzeugt, dass das Erzählen der eigenen Perspektive als marginalisierte Person angesichts der aktuellen Mainstream-Medien ein Akt des Widerstands und ein Schlüssel zu Selbstermächtigung und Selbstbestimmung ist.

Ich wollte nicht schon immer Filmemacher werden und wusste die meiste Zeit meines Lebens nicht einmal, was Lichtdesign ist. Allerdings wusste ich schon während meiner Kindheit in einem kleinen Dorf in Frankreich, in dem die rechtsextreme Partei tendenziell mehrheitlich gewählt wird, dass es mehr im Leben gibt als diese Art, es zu führen. Seitdem ist viel passiert, aber eine Überzeugung bleibt stets tief verwurzelt: Es ist wichtig, Träume und Utopien ausdrücken und festhalten zu können, denn wenn Menschen sich darin projizieren können, können sie besser dafür kämpfen.

[1] Abinär beschreibt viele verschiedene Erfahrungen von Geschlecht. Im Allgemeinen bezeichnet das Wort Menschen, die sich weder (nur) männlich noch (nur) weiblich fühlen und präsentieren. Auch Menschen, die sich mehreren Geschlechtern zuordnen, können sich als abinär identifizieren.

[2] Inter* ist eine Selbstbezeichnung von Menschen, deren körperliche Merkmale weder eindeutig männlich noch eindeutig weiblich sind. Alternativ werden auch die Wörter intersexuell und intergeschlechtlich verwendet.

[3] Two-Spirit heißt übersetzt so viel wie „zwei Seelen". Der Begriff kommt aus der indigenen Bevölkerung Nordamerikas. Er bezeichnet – in Anlehnung an traditionelle Ideen eines dritten Gechlechts, eine Person, in der zwei Seelen leben (eine männlich und eine weiblich) – indigene Personen verschiedener Sexualitäten und Geschlechtsidentitäten.

"We must make peace with not understanding. Understanding is not a prerequisite for honor, love, or respect."
- Sonya Renee Taylor in "The body is not an apology"

Übersetzung
Wir müssen unseren Frieden damit machen etwas nicht zu verstehen. Zu Verstehen ist keine Voraussetzung für Ehre, Liebe oder Respekt.

MUSIKER

Fayim

Meine persönliche und musikalische Reise beginnt inmitten der 90er Jahre in einer Dachgeschosswohnung im Herzen Eimsbüttels. Songs von Jimmy Cliff, Michael Jackson und Tina Turner begleiteten den Alltag meiner Eltern und förderten meine Träume eines Musikerdaseins. Auch die musikalische Laufbahn meines Vaters inspirierte mich. Er spielte während der 80er und 90er Jahre in diversen Reggae-Bands und tourte mit ihnen als Keyboarder und Sänger durch Deutschland.

Die Kompositionen meines Vaters sang ich bereits mit zwei Jahren und imitierte alles, was mir aus Radio und Fernsehen entgegenschallte. In meinem blaugestrichenen Kinderzimmer performte ich Choreografien und Hits meiner Lieblingspopstars in Dauerschleife und schlüpfe in die Rollen meiner Lieblingsfiguren Arielle und Dornröschen. Ein grünes Tuch und meine Arielle-Barbie waren stete Begleiter in der Badewanne. Unser Treppenhaus in der Marthastraße erkundete ich in einem meiner vielen Prinzessinnenkleider.

Meine Leidenschaft für Gesang und Tanz fand damals bei den Proben für das Musical „Der König der Löwen" ein weiteres Zuhause. Dort sammelte ich erste Bühnenerfahrungen und gelangte über die Sängerin Love Newkirk zum **LuKuLuLe e.V.** in Hamburg. Im Chor und

Tanzunterricht des Vereins, auf Veranstaltungen des Black History Months und bei anderen Events, die in Kontexten der ghanaischen Community stattfanden, kam ich mit den unterschiedlichsten Schwarzen Personen zusammen. Diese Räume gaben mir einen Stolz, eine Stärkung und eine Sicherheit, die ich weder in der Kita, noch in meiner Schullaufbahn erhielt. Wie prägend diese Räume für mein Verständnis von Schwarzsein waren, erkenne ich erst als Erwachsener.

Von klein auf liebte ich Hobbies, Spielzeuge und Musik, die mit Femininität assoziiert werden. Dies und meine Verhaltensweisen treffen außerhalb meines Zuhauses nicht immer auf große Begeisterung. Mit zwölf Jahren erkannte ich mich zum ersten Mal bewusst in dem Wort „schwul" und bekam in den darauffolgenden Jahren bei dem Satz „Darf ich dich mal was fragen?" immer Herzrasen und einen trockenen Hals.

An meinem dreizehnten Geburtstag erstellte ich meinen ersten YouTube-Kanal und veröffentlichte Cover meiner Lieblingssongs. Die beigen Gardinen meines Kinderzimmers gehörten zur Bühne, auf der ich meinen mittlerweile chaotischen Alltag und die Trennung meiner Eltern ausblendete. Die Videos erhielten zehntausende Aufrufe. Neben Komplimenten tauchten aber auch immer wieder rassistische Kommentare und Fragen zu meiner Sexualität auf. Scham und Verunsicherung begannen, die Liebe zu meiner Stimme und mir selbst zu zerstören. Es vergingen zahlreiche Nächte, ehe ich lernte, mich wieder zu schätzen.

Mit siebzehn sprach ich zum ersten Mal mit meiner Cousine Clara über meine Sexualität. Auf einer Bank im Schanzenpark und mit Zigaretten in der Jackentasche erzählte ich ihr mein bestgehütetes Geheimnis. In ihrer Umarmung fühlte ich mich so befreit und geliebt wie lange nicht mehr. Meiner Mutter erzählte ich zwei Wochen darauf von meinem Queersein, meinem Vater an meinem 20. Geburtstag. Bis heute bin ich dankbar für ihre liebevollen Reaktionen.

Meine wieder wachsende Selbstliebe brachte mich der Musik wieder näher. 2015 spielte ich eine Hauptrolle in der Produktion „12 Yards – Dein Spiel beginnt" von Mable Preach auf Kampnagel und begleite Hamburger Bands und Künstler*innen als Backgroundsänger. Insgeheim träumte ich davon, im Zentrum der Bühne zu stehen.

Im Januar 2017 wurde mein Vater beerdigt. Bei der Beerdigung hielt ich zuerst eine Rede auf Englisch und beim Wechsel in die deutsche Sprache fing ich an zu weinen. Ich spürte, dass ich mich in meiner Muttersprache nicht verstecken kann. Drei Monate später sah ich Joy Denalane live und lernte im Sommer den Rapper Camufingo kennen. All diese Ereignisse brachten mich dazu, von nun an deutschsprachige Songs zu schreiben. Diese spielte ich im Februar 2020 zum ersten Mal vor Publikum und wachse seitdem mit jeder neuen Zeile.

“Be the person you needed, when you were younger”

Übersetzung
Sei die Person, die du gebraucht hättest, als du jünger warst.

Es ist wichtig, dass wir unsere Geschichten erzählen, unsere eigenen Räume schaffen und uns nicht in unserem Stolz einschränken lassen. Deshalb schreibe ich. Deshalb singe ich. Deshalb stehe ich auf Bühnen. Mein Name entstand in Gedenken an May Ayim[1] und steht für die Kraft des Geschichtenerzählens.

[1] May Ayim hat sich in ihrem Aktivismus, ihrer Poesie und ihrer Bildungsarbeit für Schwarze Menschen in Deutschland eingesetzt. Sie war eines der Gründungsmitglieder der „Initiative Schwarzer Menschen in Deutschland (ISD) und ist bis heute eine der bekanntesten deutschsprachigen Dichterinnen der Gegenwart.

SPOKEN-WORD-KÜNSTLERIN

Furat Abdulle

Mein Name ist Furat Abdulle. Seit einigen Jahren arbeite ich als Spoken-Word-Künstlerin[1], um einerseits meine schriftstellerische Leidenschaft auszuleben und andererseits meiner anti-kolonialen, rassismuskritischen und intersektionalen[2] Haltung eine Stimme zu verleihen. In der Vergangenheit habe ich herrschaftskritische Veranstaltungen organisiert. Darunter initiierte ich als Vorstandsmitglied der Rosa-Luxemburg-Stiftung in Rheinland-Pfalz die Reihe zum **Black History Month** in Mainz. Mein Bachelor-Studium in Englisch und Philosophie auf Lehramt hat mich motiviert, den Eurozentrismus in der zu lesenden Literatur in Frage zu stellen. Jedoch habe ich mein Master-Studium im Fach **Digitale Methodik in den Geistes- und Kulturwissenschaften** abgeschlossen. Daher arbeite ich derzeit in der IT-Branche. Durch meine Positionierung als Schwarze muslimische Cis-Frau[3] sowie meine Erfahrungen im Studium fing ich an, zu antimuslimischem Rassismus, Intersektionalität und Rassismuskritik zu forschen und zu arbeiten. Somit bewegte sich meine Expertise in herrschaftskritischen und selbstorganisierten Kontexten. Während dieser Zeit hatte ich eine klare Überzeugung: Ich wollte aktiv mitgestalten, denn ich glaubte, dass eine gesellschaftliche Veränderung von

[1] Spoken Word ist eine Kunstform, bei der Menschen vor einem Publikum Texte vortragen, die sie selbst geschrieben haben.
[2] Intersektionalität ist eine Theorie, die die verschiedenen Formen von Diskriminierung berücksichtigt. Diese Formen ergeben sich da, wo eine Person von unterschiedlichen Diskriminierungen betroffen ist.
[3] Als Cis-gender werden Menschen bezeichnet, deren geschlechtliche Identität mit dem Geschlecht übereinstimmt, das ihnen bei der Geburt zugewiesen wurde. Der Begriff zeigt auf, dass dies nicht selbstverständlich ist, da es auch Trans*personen gibt.

uns ausgehen müsste. Für mich war dieses uns zunächst an alle gerichtet. Irgendwann bezog ich dieses uns ausschließlich auf marginalisierte Menschen. Ich glaubte daran, dass Betroffene mit intersektionalem Verständnis für strukturelle und gesellschaftliche Veränderung am besten wissen würden, wie eine gesellschaftliche Veränderung aussehen könnte.

Als ich an der Uni Mainz die muslimische Hochschulgruppe mitgründete, war es mir ein Anliegen, das fehlerhafte und rassistische Bild zum Islam und Muslimischsein durch Aufklärung zu verändern. Damals war mir die historische und politische Dimension antimuslimischer Diskurse noch nicht klar. Es war mir nicht klar, inwiefern die Abgrenzung zu einem muslimischen „Anderen" ein wichtiger Teil für die Konstruktion des westlichen Selbstbildes ist. Es war mir auch nicht klar, inwiefern eine Verallgemeinerung und Kriminalisierung von muslimischen Menschen in Deutschland normal ist. Mit der Zeit entwickelte ich durch Lesekreise und politische Veranstaltungen ein herrschaftskritisches Denken. Mit diesem Verständnis konnte ich meine Erfahrungen als Schwarze und muslimische Frau noch besser begreifen. So wurde mir deutlich, dass eine muslimische Hochschulgruppe alleine nicht ausreicht, um historisch und politisch gewachsene antimuslimische Diskurse[4] aufzuarbeiten. Trotzdem war es zumindest eine Art Gegenposition, die wir mit unserer Anwesenheit und Arbeit darstellen konnten. Ungeachtet dessen blieben wir nie unbeobachtet oder unverleumdet. Seien es die rassistischen Angriffe, die unsere People-of-Color-Hochschulgruppe erleben musste, oder die Verleumdung muslimischer Personen und Gruppen. Bis heute erlebe ich in meinem Umfeld existenzbedrohliche Verleumdungen, die derzeit juristisch verfolgt werden. Vor zwei Jahren entschied ich, meine politische Arbeit zu beenden. Was für mich bleibt, um politisch wirksam sein zu können, ist mein **Spoken Word**, in dem ich nicht nur Erfahrungen verarbeite, sondern auch Machtverhältnisse aufzeigen kann. Für mich bleibt meine Spoken-Word-Kunst immer eine Art kritische Intervention. Solange besonders muslimische und Schwarze Menschen willkürlich kriminalisiert werden und unter Generalverdacht stehen, findet kein gesellschaftlicher Fortschritt statt. Daher glaube ich nicht mehr an eine gesellschaftliche Veränderung, die von Betroffenen ausgehen sollte. Ich glaube nicht, dass wir marginalisierte Menschen ein System verbessern können, das von Anfang an nicht für uns vorgesehen war. Was ich glaube ist, dass wir einen wichtigen Anstoß geben können, aber der Wille muss bei den Menschen in Machtpositionen vorhanden sein. Bisher sehe ich diesen Willen noch nicht.

[4] Das Wort Diskurs wird in den Sozialwissenschaften oft benutzt, um alle Gespräche und Handlungen zu bezeichnen, die in einer Gesellschaft zu einem bestimmten Thema stattfinden. Diese Diskurse beeinflussen zum Beispiel das Bild, das wir von verschiedenen Menschengruppen haben, ob sie insgesamt als positiv oder negativ bewertet werden. Weil Diskurse nicht immer fair geführt werden, können in ihnen neue Machtgefälle hergestellt und alte gefestigt werden.

LEHRER

Jannick Leon Philip

Wenn Wissen Macht ist, dann ist Bildung der ultimative Schlüssel zur Gleichstellung.

Das Wichtigste vorneweg: Wir brauchen eine Revolution, auch im Bildungssystem!

Hättest du mir als Teenager einmal gesagt, dass ich später mal Lehrer werde, hätte ich vermutlich nur gelacht. Offen gesagt, ich (!) fand (!) die Schule (!) damals (!) schrecklich! Schule war der Ort, an dem meine Alpträume wahr wurden. Ja sicher, ich mochte die meisten meiner Mitschüler*innen und ein paar Lehrer*innen waren auch nicht so übel. Aber im Großen und Ganzen war die Mittelstufe schrecklich. Und dabei hatte ich noch Glück: Ich bin Anfang 1990er bis Mitte der 2000er im kulti-multi Kreuzberg in Berlin zur Schule gegangen. Andersartigkeit und Herkunft spielte hier zum Glück nur eine kleine Rolle. Wenn in der Grundschule das N-Wort fiel, hat meine Familie meine Gefühle (Frust und Wut) ernstgenommen und bestätigt. Sie haben mir den Rücken gestärkt und dadurch wusste ich schon früh: I AM NOBODY'S N-WORD![1] Als Grundschulkind habe ich tatsächlich Feuer mit Feuer bekämpft – in der Oberschule war das nicht mehr nötig. Trotzdem konnte ich die Schule kaum ertragen. Der öde Lehrstoff, die verkalkten Lehrerinnen und Lehrer mit ihrem monotonen Singsang, die verdreckten Toiletten, die viel zu kleinen Stühle und Tische, das stundenlange, tagelange, monatelange, jahrelange Still-am-Platz-Sitzen und Abschreiben ...!

[1] Ich bin niemandes N-Wort!

All das und mehr ist es, was ich heute besser machen möchte. Nach der Schule habe ich mich in vielem ausprobiert: als Laborant, Polizist, im Hotel, als Soldat, im Logistikbereich, in der Gastronomie, als Security, Erzieher, im kaufmännischen Bereich und und und ... Es kam immer wieder darauf hinaus, dass mir die Arbeit mit Menschen am meisten Freude bereitet. Erst als Erwachsener habe ich begriffen, dass mir das Lernen unheimlich viel Spaß macht und dass Wissen letztlich der Schlüssel ist, um Dinge zu verändern! Wie soll ich die Welt verändern und Missstände kritisch betrachten, wenn ich selbst nicht genügend weiß?! Deswegen versuche ich, meinen Sport- und Biologieunterricht bewusst vielseitig und erlebnisreich zu gestalten. Was Menschen in Schulbüchern lesen, wird schnell wieder vergessen. Aber was selbst erLEBT wird, prägt sich ein. Kinder und Jugendliche hinterfragen sowieso permanent, ich will sie dazu ermutigen, dieses Hinterfragen aufs große Ganze zu beziehen. Denkt kritisch!

Ich bin fest überzeugt davon, dass Lehrerinnen und Lehrer (und natürlich auch anderes Personal) of Color einen wesentlichen Beitrag dazu leisten können, Schülerinnen und Schüler of Color zu empowern. Ich weiß mittlerweile aber auch, dass uns der Kampf gegen strukturellen Rassismus unendlich lang vorkommt. Deswegen setzte ich schon heute meine Hoffnung auf die Generation von morgen. Als Lehrer oder besser als euer Coach und Ratgeber möchte ich euch helfen, das Wissen, die Skills und das Zutrauen in eure eigenen Fähigkeiten zu entwickeln, damit wir gemeinsam die Welt verändern können. Touch one – touch all.

“Greatness is a lot of small things done well. Day after day, workout after workout, obedience after obedience, day after day.”

— Ray Lewis

Übersetzung
Großartigkeit zu sein, bedeutet viele kleine Dinge gut zu machen. Tag für Tag, Workout für Workout, Gehorsam für Gehorsam, Tag für Tag.

BÜRGERMEISTER

John Ehret

Mein Name ist John Ehret, 50 Jahre alt, verheiratet, zwei Kinder. Ich bin in Karlsruhe geboren -meine Mutter war Deutsche und mein Vater amerikanischer Soldat.

Mit zwei Jahren bin ich aufgrund schwieriger familiärer Verhältnisse und des schlechten Gesundheitszustandes meiner Mutter in ein Kinderheim in Karlsruhe gekommen. Als ich sechs Jahre alt war, wurde ich von einem deutschen Ehepaar adoptiert und bin ab dann in dieser Familie gut behütet gemeinsam mit einem weiteren deutschen Adoptivbruder in Mauer bei Heidelberg aufgewachsen.

Nach meinem Abitur leistete ich in einer sozialen Einrichtung meinen 15-monatigen Zivildienst in der Wiedereingliederungshilfe für obdachlose Menschen. Danach absolvierte ich eine Ausbildung zum Kriminalkommissar beim Bundeskriminalamt (BKA).

Nach verschiedenen Stationen innerhalb des BKA und mehreren Missionen im Ausland für die deutsche Polizei habe ich mich im Jahr 2012 für das Amt des Bürgermeisters in meiner Heimatgemeinde Mauer beworben und wurde auch von den Bürgern dort gewählt.

Die Arbeit als Bürgermeister erfüllt mich und ich habe mich im Jahr 2020 darüber sehr gefreut, dass ich durch eine erneute Wahl zum Bürgermeister bis zum Jahr 2028 von den Einwohnern von Mauer bestätigt wurde.

AUTOR*IN

Josephine Apraku

Eine meiner frühesten Kindheitserinnerungen – ich muss ungefähr drei Jahre alt gewesen sein – ist, dass ich den Bauernhof der Eltern meiner Patentante besuchte. Morgens durfte ich dort die Hühner füttern. Aus einer kleinen Dose verteilte ich Hand um Hand die Körner, die die Tiere aufpickten. Ich erinnere mich noch gut daran, wie sehr ich versuchte, das Futter gerecht aufzuteilen: Jedes Huhn sollte satt werden, keines sollte weniger haben als die anderen, etwa weil es langsamer oder durch ein anderes verscheucht worden war. Das umzusetzen war schwierig, es war unmöglich. Die Hühner interessierte mein Versuch nicht.

Warum ich diese Geschichte erzähle? Gleichberechtigung hat mich schon immer interessiert, genauso wie zwischenmenschliches Miteinander. Ich möchte verstehen, wie die unterschiedlichen Formen von Diskriminierung unser Zusammenleben prägen, um zu überlegen, wie ich dagegen vorgehen kann. Das beschäftigt mich besonders in meiner Arbeit mit unterschiedlichen Organisationen, die sich rassismuskritisch öffnen wollen.

Zu meiner Arbeit inspiriert hat mich vor allem, dass ich schon zu Beginn meines Studiums der Afrikawissenschaften begonnen habe, Stadtrundgänge zur deutschen Kolonialgeschichte zu geben. Das war eine wichtige Erfahrung, denn einerseits war mir damals kaum bewusst, wie wenig Menschen in Deutschland über den deutschen Kolonialismus wissen. Andererseits hat es mich ermutigt, mir einen eigenen Weg zu finden und mich selbstständig zu machen. Für mich war das eine wichtige Entscheidung, weil ich gern Verantwortung übernehme und mich zum Thema Diskriminierungskritik in neue Felder denke. So arbeite ich heute als Afrikawissenschaftlerin und habe das **Institut für diskriminierungskritische Bildung** (IDB) mitbegründet. Gleichzeitig schreibe ich als Autorin Texte für unterschiedliche Zeitschriften. Lesen könnt ihr meine Texte zum Beispiel im **Missy Magazin** und bei **Edition F**.

“Love takes off the masks that we fear we cannot live without and know we cannot live within. I use the word ‘love’ here not merely in the personal sense but as a state of being, or a state of grace – not in the infantile American sense of being made happy but in the tough and universal sense of quest and daring and growth.”
— James Baldwin in “The Fire Next Time”

Übersetzung
Liebe nimmt uns die Maske ab, von der wir fürchten, wir könnten ohne sie nicht leben, aber gleichzeitig wissen, dass wir in ihr nicht leben können. Ich benutze das Wort „Liebe“ hier nicht nur im persönlichen Sinne, sondern als Begriff für einen Seinszustand, oder einen Zustand von Nachsicht – nicht in diesem infantilen amerikanischen Sinn, von Glücklichgemachtwerden. Sondern im harten und universalen Sinn von Suche, Mut und Wachstum.

POLITIKWISSENSCHAFTLER

Liban Farah

Mein Name ist Liban Farah, ich bin 27 und engagiere mich politisch. Als Schwarze Person oder als PoC hat man nicht den Luxus, unpolitisch zu sein. Politik war schon immer das Entscheiden über unser Leben hier in Deutschland – allein aufgrund der Tatsache, dass diejenigen, die in der Politik entscheiden, nicht die gleichen Erfahrungen machen mussten wie wir. Mir kam es immer so vor, als würden die Menschen, wenn es um unser Zusammenleben geht, lieber über uns anstatt mit uns diskutieren. Auch wenn meine Eltern versucht haben, diese Dinge von uns Kindern fernzuhalten, waren es doch die Regeln und Gesetze der Politik, die unser Leben bestimmten: Wer wirklich weiß, was das Wort „Duldung" für eine Macht hat, weiß auch, wie prägend Politik sein kann. „Duldung" bedeutet, dass man in Deutschland geduldet ist, aber es bedeutet auch, dass man Deutschland jederzeit vielleicht verlassen muss – obwohl man perfekt Deutsch spricht, hier zur Schule geht oder arbeitet und alle Freunde hier in Deutschland leben.

Ich wurde früh politisch, weil ich schon als Kind Ungerechtigkeiten am eigenen Leib spüren konnte, sei es durch alltäglichen Rassismus in Büchern, die das N-Wort enthielten und die leider ganz selbstverständlich vorgelesen wurden. Oder durch das Spielen von Wer hat Angst vorm schwarzen Mann, der sicherlich keine Verbindung zu mir als Person haben sollte, aber in mir das Gefühl erzeugte, dass nur ich gemeint war. Und natürlich auch, wenn über Afrika als kaputten Kontinent gesprochen wurde, alle Klassenkamerad*innen in meine Richtung schauten und kein*e Lehrer*in darüber sprach, welche große kulturelle Vielfalt und welch tolle Vordenker*innen der afrikanische Kontinent hervorgebracht hat.

Politisch aktiv zu sein, heißt für mich, ein gutes Beispiel zu sein. Es gibt so wenige Schwarze Menschen in der Politik und ich hatte damals kein Vorbild. Ich möchte den jungen Menschen zeigen, dass auch sie politische Forderungen aufstellen können. Daher streite ich innerhalb meiner Partei, der SPD, und außerhalb für eine gerechtere Gesellschaft. Überall, wo es um wichtige Entscheidungen geht, wird es Rassismus geben. Der Satz „Bei uns gibt es sowas nicht", ist auch in der Politik unangebracht. Denn Rassismus ist eine gewachsene Struktur, die man mit einem Plan und genauen Zielen überwinden kann – Wenn man es ernst meint! Als Schwarzer Kommunalpolitiker spüre ich schon jetzt den Unterschied, den meine Mitarbeit ausmacht. Meine Meinung wird ernst genommen. Die Politik ist reif für mehr Schwarze Menschen in den Parlamenten und es ist wichtig, dass wir alle politisch aktiv werden. Mein Ziel ist, dass wir irgendwann Schwarze Finanz- oder Innenminister*innen haben und dass vielleicht irgendwann mal ein Bundeskanzler oder eine Bundeskanzlerin ganz selbstverständlich Schwarz ist. Die USA haben vorgemacht, wie es geht.

Für diese Probleme mangelt es nicht an Lösungen. Wie lange wollen wir uns noch darüber beschweren, dass die Bewerbungen von Menschen mit ausländisch klingenden Namen doppelt so oft abgelehnt werden wie jene von Menschen mit deutsch klingenden Namen? Die Lösung der anonymen Bewerbung – ohne Namen und Fotos – liegt schon seit Langem auf dem Tisch. Ein anderes Beispiel: Wer sich zurecht über rassistische Polizeikontrollen ärgert, muss dafür sorgen, dass entsprechende Gesetze geändert werden.

Als Schwarze Person hat man nicht den Luxus, unpolitisch zu sein. Denn es werden Menschen über unser Leben entscheiden. Innenpolitiker*innen, Umweltpolitiker*innen oder Sozialpolitiker*innen gibt es viele. People of Color in der Politik, die genau wissen, was Beschlüsse für knapp ein Viertel der Bevölkerung bedeuten können, gibt es (noch) wenige.

AKTIVISTIN

Maimuna Sallah

Ich bin Aktivistin und studiere **Transnationale Literaturwissenschaft**. Mein Interessens- und Arbeitsschwerpunkt liegt auf der Dekonstruktion von kolonialen Kontinuitäten an der Schnittstelle von Bildungs- und Kulturpolitik. Im Sommer 2020 startete ich mit dem bundesweiten Bündnis **Black History in Deutschland** eine Petition, die mehr rassismuskritische Lehre in Bremer Bildungsinstitutionen fordert. Zudem engagiere ich mich bei der **Blacktivity Bremen**, einer afro-diasporischen Gruppe, als Aktivistin und Speakerin.

“Without community there is no liberation.”

Übersetzung
Ohne Gemeinschaft gibt es keine Befreiung
– aus dem Essay „The Master's Tools Will Never Dismantle The Master's House“ von Audre Lorde (1984)

EMPOWERMENT KÜNSTLERIN

Mariela Iracema Georg

Ich bin 1987 in Cochabamba, Bolivien geboren. Als Tochter einer afroperuanischen Mutter und eines *weißen*[1] deutschen Vaters befand ich mich lange auf einer Identitätsreise und begreife mich mittlerweile als Afro-latina Deutsch. Als Schwarz gelesene Person machte ich, wie viele andere Schwarze Menschen, schmerzvolle und ausgrenzende Erfahrungen; sowohl in Südamerika als auch in Deutschland. Schwarzsein in Lateinamerika wird wenig bearbeitet und thematisiert. Im Buch „Black in Latin America“ schreibt der US-amerikanische Literatur- und Kulturwissenschaftler Henry Louis Gates Jr., dass die „Schwarze Oma gerne im Kleiderschrank versteckt“ oder „aus den Familienfotoalben verbannt werde“. Die Spuren der Kolonialisierung und der Versklavung sind demnach noch heute in Lateinamerika präsent. Schwarze Menschen sind sozusagen unsichtbarsichtbar. Umso wichtiger war es für mich, sich mit diesem Thema auseinanderzusetzen und sogar durch eine DNA-Analyse meine familiäre afrikanische Migrationsgeschichte nachzuvollziehen und mit geschichtlichen Fakten zusammenzubringen.

[1] Einige Menschen schreiben das Wort „weiß“ kursiv, wenn sie damit die Hautfarbe einer Person beschreiben. Dies soll verdeutlichen, dass weiß in solchen Situationen nicht einfach eine Farbe meint, sondern eine soziale Position mitschreibt, die weiße Menschen in der Gesellschaft innehaben.

Nach Deutschland kam ich 2007, um Psychologie und **Interkulturelle Personalentwicklung** zu studieren. Auch während meines Studiums setzte ich mich mit Themen wie hybrider Identität, globaler Gerechtigkeit und internationaler Konfliktbearbeitung auseinander. Seit 2010 engagiere ich mich ehrenamtlich in der Antidiskriminierungsarbeit, was ich 2014 zu meinem Beruf gemacht habe: Zunächst als Mitarbeiterin für Antidiskriminierungsarbeit bei der Stadt Bonn und derzeit als Referentin in der Stabsstelle Antidiskriminierung des Hessischen Ministeriums für Soziales und Integration. Schwarze Menschen sollen meiner Ansicht nach überall in Deutschland repräsentiert sein – auf kommunaler, Landes- und Bundesebene.

Lange Zeit war ich gefangen im Druck der Überkompensation, den viele rassialisierte Menschen spüren, um ihre zugeschriebenen Defizite auszugleichen. Dies bekam ich körperlich und seelisch stark zu spüren, bis ich mich 2015 für mein eigenes Wohlergehen entschied und anfing, bewusste Selbstfürsorge zu betreiben. Diese Erfahrungen wollte ich weiteren Schwarzen, Indigenen und People of Color weitergeben, weswegen ich 2017 in der Empowerment-Arbeit aktiv wurde. Ich arbeite seitdem an meinem Konzept des **Critical Wellness**, einem Empowerment-Konzept, das Community-Care und Self-Care zu balancieren versucht. Meine Trainings fokussieren die Bewältigung von toxischen Stressfaktoren wie Rassismus und Sexismus durch Bewegung und Übungen auf psychischer Ebene.

Als Mitgründerin des **Bundesfachnetz Gesundheit und Rassismus** engagiere ich mich seit 2020 für die Thematisierung von Rassismus im Gesundheitswesen und der Dekonstruktion von strukturellem Rassismus.

„Sich für das eigene Wohlergehen zu entscheiden ist ein ermächtigender Prozess. Self-Care ist die beste Voraussetzung für Community-Care."

ILLUSTRATORIN, POETIN UVM.

Maseho

Ich will nur noch schreiben, dichten und malen.

Ich bin Maseho: Schwarze deutsche (präziser: mosotho-hanseatische) Malerin, Illustratorin, Poetin und Kuratorin made in Hamburg. Zudem Hundebesitzerin, Social-Media- und Online-Marketingfachfrau und nebenbei Mutter.

Ich habe lange gebraucht, mich diesem Text anzunähern. Immer wieder kamen mir Ideen, die ich dann wieder verwarf. Ich bin kein Vorbild. Ich will nur ich sein dürfen, mit meinen Schwächen. Wenn einige meiner Handlungen oder künstlerischen Arbeiten andere Menschen ansprechen, freut es mich. Zu meinen Töchtern sage ich immer: „Wenn ihr meine Ratschläge nicht mögt, dann lernt wenigstens aus meinen Fehlern!"

Ja, ich denke, ich habe genug Fehler gemacht, aus denen auch andere lernen können, was sie besser nicht tun sollten – Letzteres trifft nicht nur auf mich zu, sondern auf meine Generation der Schwarzen Bewegung in Deutschland. Allerdings, wenn ich so durch die von uns meistgenutzten Sozialen Netzwerke scrolle, die allesamt nicht Schwarzen gehören, dann sehe ich, dass sich durch die lückenhafte Überlieferung der Schwarzen Geschichte Deutschlands der letzten 30 Jahre vieles wiederholt. Die Schwarze Bewegung stagniert, da der Fokus ununterbrochen auf der Aufklärung weißer Menschen liegt und auf deren Bedürfnisse zugeschnitten ist. Es gibt zu wenige Bemühungen, unsere heterogenen Perspektiven, unterschiedlichen kulturellen Prägungen und Perspektiven unseres Schwarzseins kennenzulernen, beziehungsweise unsere Kenntnisse davon zu vertiefen. Viele scheinen die Tatsache zu vergessen, dass Afrika als Kontinent mit noch mehrheitlicher Schwarzer Bevölkerung für unsere Kämpfe um Anerkennung hier das Rückgrat bildet, auf dem wir stehen. Afrika ist aber bei unseren „Woke[1]-Aktivist*innen" – oftmals selbsternannten Fürsprecher*innen „aller!" Schwarzen in Deutschland – nur im Zusammenhang mit dem europäischen Kolonialismus von Interesse. Das heißt ab 1444, wobei selbst hier erst Konflikte ab 1492 oder 1884 thematisiert werden. Als ob es Afrika und auch eurozentrische Aggressionspolitik vorher nicht schon gegeben hätte! Die Empowerment Workshops drehen sich immer noch um Haare, Kosmetik, Wellness und Identität – genau wie in den Neunzigern. Der Feminismus ist ausschließlich afroamerikanisch orientiert, ohne Einbeziehung afrokaribischer, südamerikanischer oder kontinental-afrikanischer feministischer Bewegungen. Wenn meine Generation Schwarzer, politisch aktiver Menschen der heutigen Generation etwas beigebracht hätte, dann wären mehr Immobilien in Schwarzem Besitz, wir hätten auch eigene Kinos, eigene Versicherungen, eigene Galerien, Theater und Verlage. Vor allem fehlt eine eigene Stiftung zur Förderung Afrokultureller Projekte. Zumindest würden wir daran arbeiten, statt ständig nur zu Demos aufzurufen, oder zur Teilnahme an No-to-Low-Budget Projekten. Über das „German / EU Citizenship Privilege[2]" im Vergleich zu der Situation von hierlebenden Nicht-EU-Schwarzen wird nicht wirklich miteinander gesprochen! Ich bedauere vor allem, dass ich zu den Ersten gehöre, die Antirassismus-Workshops durchgeführt haben. Finanziell war es eine angenehm angemessen bezahlte Arbeit, aber als eine *weiße* Teilnehmerin mir dankbar erklärte, dass ihr erst dadurch klar wurde, wie viel Macht sie als *weiße* Frau eigentlich besitzt, war für mich Schluss. Also zog ich mich komplett raus.

Ich bleibe rebellisch, aber gehe andere Wege: Vernetze mich online und offline mit anderen kreativen Schwarzen, mit gezielt afrokulturellen Projekten – die Wert haben würden, auch in einer Welt, die frei ist von Rassismus. Denn ganz ehrlich: Weiße, vor allem Deutsche, sind nicht so wichtig, wie sie glauben oder behaupten.

[1] Das Wort „Woke“ hat eine kurze Geschichte, aber viele Bedeutungen. Es kommt aus dem Englischen und kann in etwa mit „wach“ übersetzt werden. Es wird verwendet, um Menschen zu bezeichnen, die sich politisch in Kämpfen für soziale Gerechtigkeit und die Interessen einzelner Identitätsgruppen engagieren. Gelegentlich ist es eine neutrale Bezeichnung, andernorts bezeichnen sich Personen selbst als „00Woke“ und wieder andere (politisch Rechte) benutzen es als Schimpfwort.

[2] Es gibt auf der Welt eine Hierarchie der Staatsangehörigkeiten. Die Pässe von insbesondere EU-Ländern und anderen Ländern des europäischen Kontinentes ermöglichen es beispielsweise, einfach und sicher in viele Länder zu reisen, ohne sich um VISA sorgen zu müssen oder besonders streng kontrolliert zu werden.

MC, RAPPER & SÄNGER

Molley Morgan

Mein Name ist Molley und ich bin 1986 in Bong Town, Liberia geboren. Ich habe nicht viele Erinnerungen an Liberia, weil meine Mutter mit meiner Schwester und mir 1990 nach Deutschland geflohen ist. Grund der Flucht war, wie so oft, ein Bürgerkrieg, der so schnell auch nicht enden sollte. Und so wurde Deutschland meine neue Heimat, mein neues Zuhause.

Die ersten Jahre bin ich in Kirchtimke und Tarmstedt aufgewachsen. Das sind Dörfer in der Nähe von Bremen. Eigentlich könnte ich sagen, dass ich eine sehr behütete Kindheit hatte. Aber ich habe immer deutlich gemerkt, dass ich anders bin: anders wegen meines Aussehens, anders wegen meiner Haare, anders wegen meines Namens, anders wegen meiner Nase, anders wegen meiner Lippen, anders wegen meiner Hautfarbe. Wenn es nicht gerade dumme, als „Witze“ verpackte Sprüche waren, dann war es vor allem meine Lehrerin in der Grundschule, die mir dieses Gefühl des Andersseins gab. Bewusst wurde ich strenger bewertet und meine Klassenlehrerin sagte zu meiner Mutter: „Aus dem wird nichts.“ In meinem direkten Umfeld gab es niemanden, der sonst so "anders" war wie ich – nicht mal eine Vaterfigur und nicht mal im Fernsehen. Somit waren alle meine Vorbilder blond oder blauäugig, auf jeden Fall aber hellhäutig.

Gott sei Dank ist meine Mutter mit uns nach Bremen gezogen, als ich ungefähr acht Jahre alt war. So bin ich aus dem Teufelskreis des "Als-einziger-ewig-anders-sein" ausgebrochen. Es gab andere, die so aussehen wie ich: ENDLICH! Leider hieß das aber nicht, dass ich keinen Rassismus mehr erfahren musste. Leider... Ich habe wirklich lange nicht gemerkt, wie sehr mich die Zeit auf dem Dorf und der Rassismus dort geprägt haben. Denn ich wollte es meiner alten Klassenlehrerin und allen anderen, die nicht an mich geglaubt haben, beweisen. Deswegen bin ich mein Leben lang gerannt. Ich habe Abi gemacht und sogar die beste Mathe-Leistungskurs-Klausur geschrieben, Volkswirtschaft studiert (den Bachelor habe ich in Bremen gemacht und den Master in Amsterdam). Ich habe mich hochgearbeitet, und ja, ich kann sagen, dass ich richtig Karriere gemacht habe: Molley, der dunkelhäutige, privat versicherte Projektmanager in der Konzernleitung der Deutsche Bahn AG. Wow, liest sich toll, oder? Aber das war und ist es für mich nicht. Ich habe es ja nicht für mich gemacht. Ich bin nicht meinem Herzen gefolgt, sondern meinem Ego.

Am Ende hat mich das ausgebrannt, ich war depressiv und wusste nur: Entweder verweile ich hier, bin unglücklich und gebe all der Ungerechtigkeit die Schuld dafür oder ich finde das, was mich happy macht: Das ist meine Musik!

Was ich bis jetzt vergessen habe zu sagen: Musik ist meine absolute Leidenschaft. In meiner Jugend habe ich in einer Art Musical getanzt, gesungen und gerappt. Mit 17 habe dann selbst angefangen zu schreiben und ja man könnte sagen, dass ich auf geringem Level schon erfolgreich war. Denn 2006 hab ich meinen ersten Deal bei BremenChild unterschrieben, ein ehemals kleines, lokales Label aus Bremen. In dieser Zeit hatte ich viele Gigs in und um Bremen, zum Beispiel als Support für Sido, K.I.Z., Kollegah oder auf der After-Show-Party von Kool Savas. Aber nur zwei Jahre später holte mich mein Ego ein und ich hab mich gegen die Musik und für die "Karriere" entschieden. Meinen Fokus habe ich somit auf Studium und Job gelegt und nicht auf die Musik.

Trotzdem ist die Liebe zur Musik nie gestorben. Ich liebe die Energie von Musik, von Hip Hop, Rap, Soul, Jazz, Funk, Trap. Vor allem ist Musik für mich eines: grenzenlos. Musik diskriminiert nicht, Musik sagt nicht: Du darfst dies nicht machen und das nicht machen. Musik ist für alle da.

Mit meiner Musik kann kann ich zeigen, dass ich genau richtig bin. Ich kann meine Botschaft senden: Mut, Liebe und Hoffnung schenken. Mit der Musik kann ich meine Werte leben und transportieren. Empowerment steht für mich weit oben. Ich möchte genau das Vorbild sein, das mir früher gefehlt hat. Selbst wenn ich nur für eine einzige Person ein Vorbild bin, dann habe ich viel erreicht. Ich möchte allen Minderheiten und besonders People of Color sagen: „Du bist genau richtig, wie du bist!"

„Du bist genau richtig, wie du bist!“

FOTOGRAFIN

Nicole Benewaah Gehle

Ich heiße Nicole Benewaah Gehle und bin künstlerische Porträt- und Dokumentarfotografin. Ich konzentriere mich in meiner Arbeit auf gesellschaftliche Phänomene wie die Unter- und Fehlrepräsentation von Schwarzen Menschen. Mein Studium in integriertem Design habe ich an der Hochschule für Künste in Bremen absolviert, wo ich auch heute noch lebe und arbeite. Nach einem längeren Aufenthalt in Ghana, wo die Kamera wenig zum Einsatz kam, verbrachte ich ein Auslandsstudium an der **University of the West of England** (UWE) in Bristol, wo ich mich neben der digitalen Fotografie der Filmfotografie zuwandte und meine Leidenschaft für Fotografie endgültig entfachte. Ich kreierte die Fotoarbeiten "EXOTIC IS DEAD" und "To get to Know You", die überregional beachtet wurden. So gewann eine Fotografie aus der Serie "EXOTIC IS DEAD" einen von mehreren Preisen des vom **British Journal of Photography** ausgeschriebenen **Female** in Focus 2020. Einige Fotografien der Arbeit "To get to Know You" wurden Teil der Publikation "Grenzenlos", die im Oktober 2020 in Kocmoc Verlag erschien und intersektionale Realitäten von Schwarzen Menschen und POC in Deutschland verdeutlicht. Das Bookazine wurde ein ausstellungsbegleitender Teil der Exposition „Grenzenlos. Kolonialismus, Industrie und Widerstand" des Museums der Arbeit Hamburg.

"The function, the very serious function of racism is distraction. It keeps you from doing your work. It keeps you explaining, over and over again, your reason for being.

Somebody says you have no language and you spend twenty years proving that you do.

Somebody says your head isn't shaped properly so you have scientists working on the fact that it is.

Somebody says you have no art, so you dredge that up.

Somebody says you have no kingdoms, so you dredge that up. None of this is necessary. There will always be one more thing."

- Tony Morrison

Übersetzung
Die wirklich schwerwiegende Funktion von Rassismus ist Ablenkung. Er hält dich davon ab, deine Arbeit zu tun. Er bringt dich dazu, immer und immer wieder die Gründe deiner Existenz zu erklären.

Jemand behauptet, du hättest keine Sprache und du verbringst die nächsten zwanzig Jahre damit zu beweisen, dass du sehr wohl eine hast.

Jemand behauptet, dein Kopf hätte nicht die richtige Form, also gibt es Wissenschaftler*innen, die daran arbeiten, das Gegenteil zu beweisen.

Jemand behauptet du hättest keine Kunst, also bearbeitest du das. Jemand behauptet, du hättest keine Königreiche, also bearbeitest du das. Nichts davon ist nötig. Es wird immer irgendeine weitere Sache geben.

MUSIKERIN

Queenwho - Whoopi Jessica Kusi

Mein Name ist Queenwho. Ich wurde im Jahr 2000 in Bremen geboren und bürgerlich heiße ich Whoopi Jessica Kusi. Meine beiden Eltern kommen aus Ghana. Als Kind tanzte und sang ich gerne, hatte es während meiner Grundschulzeit jedoch nicht einfach. Ich wurde ständig wegen meines Gewichtes und meiner Hautfarbe diskriminiert und beleidigt. Ich hatte schon sehr früh mit Selbstzweifeln über mein Gewicht und meine Hautfarbe zu kämpfen. Damals habe ich mir oft gewünscht, mein Körperfett abschneiden zu können. Die rassistischen Vorfälle gingen nicht nur von Schüler*innen aus, sondern auch von Lehrkräften. Ich habe mich damals nicht getraut zu sagen: „Was Sie mir hier antun, tut mir weh!" Allerdings habe ich oft zu Gott gebetet und ihm gesagt, wie ich mich fühle. Er und meine Familie haben mir geholfen weiterzumachen. Diese und andere Geschehnisse haben Spuren hinterlassen. Mich selbst zu lieben ist ein Prozess, in dem ich mich noch immer befinde. Ich entschied mich gegen die Realschulempfehlung meiner Lehrer*innen und ging aufs Gymnasium, wo es mir viel besser ging als in der Grundschule. Abnehmen und Diäten blieben jedoch ein zentraler Punkt in meinem Leben, da ich auch in dieser Schule des Öfteren wegen meines Gewichtes gemobbt wurde. Zu dieser Zeit fing ich mit dem Rap an.

In der Oberstufe war ich von vielen weißen privilegierten Menschen umgeben und wusste, dass ich mich doppelt so hart anstrengen muss, um gute Noten zu erhalten. Ich bekam die Möglichkeit, nach meinem Abitur für ein Jahr nach Argentinien zu gehen. Durch harte Arbeit habe ich nicht nur das Stipendium bekommen, sondern noch weitere Teilstipendien, die mir die Erfüllung dieses Traumes ermöglichten.

Allerdings war nicht alles schön in diesem Jahr vor Argentinien. Meinem Vater ging es gesundheitlich sehr schlecht, was mich stark belastete. Neben dem täglichen Besuchen meines Vaters arbeitete ich unheimlich viel. Aber ich habe mir immer gesagt: „Wenn ich nicht 100 Prozent gebe, kann ich auch nicht 100 erwarten". Mit der Musik lief es nicht gerade gut, ich bekam einige Absagen. Nichtsdestotrotz habe ich weiter an Songs geschrieben und gehofft, dass Gott mir irgendwann die Möglichkeit gibt, meinen Traum zu erfüllen. Ich fühlte mich häufig nicht in der Szene willkommen. Trotz alledem habe ich meinen ersten Song Melaninlicious veröffentlicht. Damals war der Song eine Art Verarbeitung meiner rassistischen Erfahrungen, aber jetzt sehe ich den Song als Empowerment. Schwarze Haut in jeglicher Pigmentierung ist schön. Für mich bedeutet meine Schwarze Haut stolz, Schönheit und Mut, denn meine Haut ist mit mir durch harte Zeiten gegangen, sie ist durch Hass und Neid gegangen und strahlt dennoch in ihrer Einzigartigkeit.

Das Jahr in Argentinien war sehr schön. Ich habe mir damals gesagt: „Wenn ich es nicht mit dem Rappen schaffe, werde ich definitiv Lehrerin. Ich möchte, dass sich kein Schwarzes Kind so fühlen muss, wie ich mich damals in der Grundschule gefühlt habe. Ich möchte Schüler*innen zeigen, dass sie alles erreichen können – unabhängig davon, ob die Eltern Akademiker*innen sind oder nicht."

Nachdem ich aus Argentinien kam, lernte ich auch in der Musikerin Finna eine Freundin kennen. Sie hat mir sehr geholfen, mich in der Musikbranche einzufinden. Ich glaube, dass 2020 musikalisch ein gutes Jahr für mich war. Ich hatte einige Auftritte und meine Reichweite wurde stets ein wenig größer. Dennoch war das Jahr 2020 ein sehr hartes Jahr. Gerade durch die Corona-Pandemie und durch den Tod George Floyds und anderer Schwarzer Menschen. Dass eine Masse von Schwarzen Menschen gemeinsam gegen Ungerechtigkeit auf die Straße geht, hat mich allerdings empowert und meinen persönlichen Umgang mit Rassismus verändert. Ich erhebe jetzt meine Stimme, wenn mir Unrecht angetan wird. Ich hoffe, dass ich irgendetwas Sinnvolles im Leben erreichen und andere Menschen inspirieren werde. Ich habe, wenn Gott will, noch ein langes Leben vor mir und viel Zeit, diesen Wunsch umzusetzen.

„Du musst dein Glück nicht finden, du musst es dir erlernen."

INGENIEUR*IN

Ren Diallo

Ich heiße Ren, bin 29 Jahre alt, arbeite als Ingenieur in Bremen und meine Pronomen sind they/them.

I am Black.
I am Non-Binary.
Trying to remember now What I felt.
What I loved
And what I've seen.

Übersetzung:
Ich bin Schwarz.
Ich bin nicht-binär.[1]
Versuche mich daran zu erinnern, was ich fühlte.
Was ich liebte.
Und was ich sah.

Als Kind war ich selbstbewusst. Ich wusste, was ich wollte und was ich nicht wollte. Ich konnte es auch aktiv kommunizieren. Es ist Intuition – es ist das Wissen darüber, was mich glücklich macht, wen ich gerne um mich habe und wo ich mich wohl fühle. Dieser Intuition zu folgen, wurde immer schwieriger, je älter ich wurde.

Die Norm wurde immer überwältigender. Das Leben in einem binären Geschlechtersystem, in dem alle Menschen in "männlich" und "weiblich" kategorisiert werden, sich eben diese "zwei Geschlechter" voneinander angezogen fühlen müssen, in einem heteronormativen[2] Verständnis von Sexualität und das Leben in einer deutschen, weißen Mehrheitsgesellschaft, machte meine eigene Identität zu etwas „Fremdem". Zuschreibungen von anderen sind für mich die Norm. Es ist mein Alltag. Umso mehr musste ich mich damit beschäftigen, wie ich mich selbst sehe, wie ich leben möchte und wie ich das erreichen kann. Diese Erfahrungen machten mich kritischer und vor allem unabhängiger von der Bestätigung anderer Menschen.

I freed myself
by choosing me.
There is no greater Joy, Ultimately.

Übersetzung:
Ich habe mich selbst befreit
indem ich mich selbst gewählt habe.
Letztendlich gibt es keine größere Freude.

[1] Ein anderes Wort für Abinär. Abinär beschreibt viele verschiedene Erfahrungen von Geschlecht. Im Allgemeinen bezeichnet das Wort Menschen, die sich weder (nur) männlich noch (nur) weiblich fühlen und präsentieren. Auch Menschen, die sich mehreren Geschlechtern zuordnen, können sich als abinär identifizieren.

[2] Heternonormativität ist ein gesellschaftliches Ordnungsprinzip, das sowohl Sexualität als auch Geschlecht normiert und ausschließlich zwei Geschlechter akzeptiert, denen bestimmte Rollen zugeschrieben werden. Beziehungen und Geschlechteridentitäten jenseits der vorgeschriebenen Normen von Männlichkeit und Weiblichkeit werden als unnormal betrachtet und abgewertet.

REVOLUTIONÄRIN & KÜNSTLERIN

Sista Oloruntoyin

Ich bin Sista Oloruntoyin (Oloruntoyin, LaToya oder Manly-Spain). Ich bin Revolutionärin. Geboren am 29. Mai 1966, bin ich heute Mutter zweier Töchter: Damilola, Miriam und Deola, Djamila, und die Großmutter meiner Enkelin Enioluwa.

Ich habe die **Black Community - Coalition for Justice & Self-Defense** mitbegründet. Das ist eine selbstorganisierte Gruppe für soziale Gerechtigkeit, die Verteidigung gegen Rassismus und für soziales und wirtschaftliches Empowerment für das Wohlergehen aller Menschen afrikanischer Abstammung.

Ich bin auch eine führende Figur in der Kampagne: #JusticeForMbobda. Wir kämpfen für Aufklärung und Rechenschaft im Mordfall unseres Bruders Tonou Mbobda, der im April 2019 als Patient in der Psychiatrie der Universitätsklinik Hamburg-Eppendorf war. Dort wurde er ohne jegliche rechtliche Grundlage von Sicherheitsbeamten fixiert und starb an den Folgen dieses gewaltvollen Übergriffs.

Weiter bin ich als Künstlerin und Aktivistin für soziale Gerechtigkeit im **Black Liberation Movement**, der Anti-Rassismus-Bewegung und der Anti-Kolonialismus-Bewegung aktiv. Black Power und die Afro-diasporische Bewegung sind dabei immer mit dabei.

Meine Arbeit für die Community begann 1996, als die berühmte Pädagogin und Jazz-Sängerin Cynthia Utterbach den Black History Month in Hamburg initiierte. Sie lud mich damals ein, im Organisationsteam mitzumachen, was ich für die nächsten zehn Jahre auch tat.

2011 organisierte ich dann den **Africa Day** und die **AUW – African Unity Week**. Mit diesen Veranstaltungen wollte ich die Siege unserer Vorfahren ehren, unser Erbe zelebrieren und Einheit und Selbstorganistion fördern, um Rassismus und alle anderen Formen von Ungerechtigkeit zu bekämpfen. Mir ging es darum, Freiheitskämpfe zu unterstützen und gegen Neokolonialismus und imperialistische Unterdrückung vorzugehen.

Von 2013 bis 2018 war ich in der Koordination der Lampedusa Kampagne in Hamburg aktiv. Das war eine Gruppe Geflohener, die für ein dauerhaftes Bleiberecht kämpfte.

Ich bin Performerin und Fürsprecherin für soziale Gerechtigkeit in der Schwarzen feministischen Bewegung.

Als zertifizierte Psychologin habe ich meinen Fokus auf Psychologie in kulturellen Kontexten gelegt. Ich interessiere mich besonders für afrikanisches Wissen und indigene Praxen. Dieses Wissen wende ich an, indem ich mich für die psychologischen Bedürfnisse und die mentale Gesundheit der Afro-diasporischen Gemeinden in Deutschland einsetze. Mit der Initiative **ARRiVARi-CARE** sorge ich mich um die juristischen und psychologischen Anliegen geflohener Personen. Wir bieten auch Kriseninterventionen und Unterstützung für Mitglieder Schwarzer Communities an, die sich Rassismus und anderen Schikanen von Autoritäten und Behörden ausgesetzt sehen.

Ich bin Mitglied bei **GPAN** (Globales panafrikanisches Netzwerk) und **BMHM** (Black Mental Health Matters). **BMHM** ist ein internationales Netzwerk von Psycholog*innen, die sich für einen offenen Dialog zum Thema mentale Gesundheit in Schwarzen Communities einsetzen. Wir möchten Stigmatisierung beenden und ein Umfeld schaffen, in dem Menschen, die von Depressionen, Angststörungen und Traumata betroffen sind, heilen können. Dazu sprechen wir Themen wie institutionalisierten Rassismus im Gesundheitssystem und den übermäßigen Einsatz von Gewalt und Fixierung von Schwarzen Patient*innen an.

Zu guter Letzt bin ich auch eine Pädagogin und Sprecherin, die sich mit einer afrikanischen Weltsicht und Yoruba-Kunst beschäftigt. Ich leite mehrere Chöre für Jugendliche und habe schon mit dem Schwabinggrad Ballett zusammengearbeitet, um das Album „Beyond Welcome" aufzunehmen. Ich gebe regelmäßig Vorlesungen, Workshops und spreche auf Konferenzen.

KÜNSTLERIN, AUTORIN UVM.

Stefanie-Lahya Aukongo

Ich bin Lahya, offiziell Stefanie-Lahya Aukongo. Eigentlich ist mein Name noch länger, aber so viel Zeit haben wir ja nun wirklich nicht. Hihihi.

Ich bin Künstlerin, Autorin, Poetin, Kuratorin, Vernetzerin, Sängerin, Workshop-Leiterin, Fotografin und Aktivistin, deren gesellschaftliche Realitäten sich in all der Kunst und politischen Arbeit widerspiegeln. Ganz schön viel, aber all diese Dinge mache ich gerne und sie gehören zu mir und meiner Arbeit.

Seit 2014 kuratiere und moderiere ich die **One World Poetry Night**. Das ist eine Bühne, auf der Menschen ihre Texte, Gedichte und Lieder vorführen. Meist sind das Menschen, die ihre eigene Geschichte erzählen, über das, was sie stark macht, worüber sie sich ärgern und wie toll es ist, sie selbst zu sein. Neben der Poetry Night bin Teil der Gruppe **Lahya & Jokaa**. Wie ich ja oben schon schrieb, bin ich eine Künstlerin, die sehr viel Unterschiedliches macht. Das liegt daran, dass ich keine Angst davor habe, Dinge auszuprobieren. So habe ich 2017 Fotografien in G-Moll namens „insights | einsichten" ausgestellt und 2019 habe ich meine erste selbstgestaltete Gedicht-Ausstellung veröffentlicht. Da war ich mächtig aufgeregt.

Als Kind habe ich gerne gesungen und geschrieben. Ich konnte Geschichten schreiben, in denen Kinder wie ich die Hauptrolle spielten. In den Geschichten, die ich als Kind kannte, kamen Schwarze behinderte Personen mit einem größeren, dickeren Körper nicht vor. Ich war als Kind ein bisschen verträumt, aber ich war auch traumabelastet, weil ich als kleines Kind viele schlimme Dinge erlebte. Also fing ich an, Geschichten und Tagebücher zu schreiben. Überhaupt habe ich unglaublich viel geschrieben, manchmal auch auf Handinnenflächen, auf Zeitungsrändern, einfach, weil ich mich ausdrücken wollte. Zu sprechen empfand ich früher als sehr anstrengend. Mit elf Jahren habe ich angefangen, Poesie zu schreiben. Poesie beschreibt etwas, das ein längerer Text so nicht hergeben kann. Es ist etwas viel Größeres möglich, obwohl ich viel weniger Worte benutze.

Viele meiner poetischen Texte sind in verschiedenen Publikationen, Büchern und Heften zu finden. Zwei veröffentlichte Bücher heißen „Kalungas Kind" und „Buchstabengefühle - eine poetische Einmischung", letzteres ist ein Band mit Gedichten und Spoken-Word-Texten. „Kalungas Kind" ist eine Autobiografie. Im Jahr 2022 habe ich mein erstes erstes E-Book „Sperrlinien" herausgeben.

Ich finde Schreiben und Poesie so richtig toll, daher habe ich 2019 meinen Master of Arts in **Biografisches-kreatives Schreiben und Schreibpädagogik** absolviert. Das Thema meiner Abschlussarbeit lautete: „Writing out loud: Black poetry matters - Eine Auseinandersetzung mit Spoken Word Poetry aus bewegungspolitischen Schwarzen Perspektiven".

Ich finde es wichtig, dass wir Menschen nie aufhören zu lernen. Daher beschäftige ich mich gerne mit den Themen: dekolonisierendes-kreatives Schreiben, radikaler Körperfrieden, Heilung und Sanftheit, Emotionalität in der intersektionellen und transformativen Befreiungsarbeit von Normstrukturen. Im Großen und Ganzen soll das bedeuten, dass alle Menschen ein Recht auf ein liebevolles Umfeld haben, um sich so zu entfalten, wie sie es wollen. Wenn mich jemensch fragt, was ich mir wünsche, dann würde ich sagen: Mehr Verantwortung im Herzen und in den Taten der Menschen.

Meine Pronomen sind Lahya, wenn es sein muss sie/ihr:e. Mein kuscheliges Bett wohnt in Berlin.

AKTIVIST

Tahir Della

Mein Name ist Tahir Della. Ich bin Jahrgang 1962, lebe und arbeite in Berlin.

Seit 1986/87 bin ich Aktivist in der **Initiative Schwarze Menschen in Deutschland** (ISD) und damit fester Bestandteil der jüngeren Schwarzen Bewegung in Deutschland. Ich bin in verschiedenen Organisationen aktiv. Zum Beispiel: **neuen deutsche organisationen – das postmigrantische netzwerk e.V., glokal. e.V.** und **Decolonize Berlin e.V.**. Mit meiner Arbeit im **glokal e.V.**, einem bildungspolitischen Verein für machtkritische Bildungsarbeit und Beratung möchte ich für globale und innergesellschaftliche Machtverhältnisse sensibilisieren und Menschen dazu befähigen, zu deren Abbau beizutragen.

Seit Gründung des bundesweiten ISD-Verbandes 2001 war ich bis 2019 im Vorstand eingebunden. Ich habe mich dort an der Koordinierung der bundesweiten sowie lokalen Aktivitäten beteiligt. Heute sind meine Schwerpunkte unter anderem, das jährliche Bundestreffen der ISD zu organisieren und die Kampagnen **Stop Racial Profiling** und **Dekolonisierung des öffentlichen Raumes** zu betreuen. Die letzte Kampagne richtet sich gegen kolonialrassistische Straßennamen in deutschen Städten.

Seit Januar 2016 arbeite ich im Rahmen des **Eine-Welt-Promotor*innen-Programms** als Promotor für Dekolonisierung und Antirassismus. Die Stelle wird von der ISD für die kommenden zwei Jahre betreut. In meiner Arbeit vernetze ich diasporische, postkoloniale und antirassistische Akteure in Berlin. Zentrales Thema ist die Bearbeitung der kolonialen Vergangenheit und deren Auswirkungen bis heute. Diese Auswirkungen zeigen sich vor allem bei Themen wie der Klimaveränderung, Migration und Flucht, globaler und lokaler Ungerechtigkeit. Folglich muss die Dekolonisierung auf allen gesellschaftlichen Ebenen und in allen Strukturen bearbeitet werden. Die globalen Ungerechtigkeiten sind als Folgen der 500-jährigen Kolonialzeit zu betrachten und können nur dann korrigiert werden, wenn der Globale Norden endlich die Verantwortung für sein Handeln übernimmt.

Nach dem Tod von George Floyd rückte auch die Rassismus-Kritik gegenüber der deutschen Polizei in den Blick des politischen Aktivismus. Aktionen gegen rassistische Polizeigewalt gab es aber auch schon vor den Protesten – sowohl in den USA als auch in Deutschland und Europa. Die Aufmerksamkeit, die dem Thema jetzt zukommt, weist auf mehr als nur Probleme in den Strukturen der Polizei hin: Vielmehr zeigt sie eine Akzeptanz und das Ignorieren von Rassismus durch die Zivilgesellschaft. Wie folgenschwer dies ist, zeigt sich im Fall von Oury Jalloh, der 2005 in einer Dessauer Polizeizelle verbrannt wurde. Bis zum heutigen Tag wurden zahlreiche Untersuchungen und Gutachten erstellt, die belegen, dass sich es beim Tod von Oury Jalloh um Polizeigewalt mit Todesfolge handelt. Wie tiefsitzend und tödlich Rassismus in den Sicherheits- und Ermittlungsbehörden ist, wurde auch im Zusammenhang mit dem Nazi-Netzwerk NSU deutlich.

Die in den letzten 36 Jahren erzielten Fortschritte zeigen, dass wir auf dem richtigen Weg sind. Meine Erfahrung hat mich gelehrt, Herausforderungen als eine Chance zu verstehen, gemeinsam die Zukunft zu gestalten. Als eine Gesellschaft der „Vielen“ müssen wir uns immer wieder die Frage stellen, in welcher Art von Gemeinschaft wir leben möchten: einer Gemeinschaft, die nicht auf Ausgrenzung, Diskriminierung, Verfolgung und Ausbeutung beruht und die diese Werte sowohl lokal wie auch global umsetzt! Diese Debatten müssen deswegen nicht als Suche nach „Schuldigen“ geführt werden, sondern vielmehr als eine gemeinsame Übernahme der Verantwortung, unsere Gesellschaft gemeinsam zu gestalten.

SCHAUSPIELERIN & MODERATORIN

Thelma Buabeng

Ich heiße Thelma, bin in Ghana geboren und in meinen frühen Kindheitsjahren nach Deutschland gekommen. In Meckenheim, einer kleinen Stadt nahe Köln, bin ich zur Schule gegangen und habe meine ersten Schritte in die Schauspielwelt gewagt. Nach meinem Studium des Medienmarketing habe ich meine ersten Berufserfahrungen in der **Junge Bühne Brotfabrik** gesammelt. Darauf folgten der Besuch der Schauspielschule in Köln und eine Schauspielausbildung in Berlin. Seither trete ich in unzähligen Filmen, Serien und Theatern auf. Während meiner Auftritte in verschiedenen Formaten mache ich mich für mehr Sichtbarkeit von BiPoC Schauspieler*innen in Theater, Fernsehen und Kinos stark. Denn auch heute gibt es noch ein klares Rollenverständnis der deutschen Medienlandschaft davon, welche Rollen BiPoC-Schauspieler*innen spielen dürfen: Drogendealer*in, Mensch mit Fluchterfahrung, Reinigungskraft, et cetera – und genau gegen diese veralteten Rollenvorstellungen setze ich mich ein und sorge für mehr Diversity und Vielfalt im deutschen Fernsehen. Von meinem eigenen Format "Tell me nothing from the Horse" (Erzähl mir nichts vom Pferd) bis zu meinem Auftritt in Carolin Kebekus' Musikclip "Im Namen der Mutter", in dem ich eine Göttin spiele, kämpfe ich gegen Klischeerollen und wirbele die alten Denkmuster auf.

Schon vor der Black Lives Matter-Bewegung setzte ich mich für mehr Empowerment von BiPoC im öffentlichen Leben ein. So habe ich die **BlackWomxnMatter Germany** Gruppe gegründet. Das ist ein geschützter Raum für FLINTA* (Frauen, Lesben, Inter-Menschen, Nicht-binär, Trans* und Agender) zum Vernetzen, Empowern, aber auch um Spaß zu haben und nicht andauernd über Diskriminierung und Rassismus zu reden. Mittlerweile sind fast 300 Personen Teil der Gruppe!

Mit meiner Moderation bei MTVs W**hat You Know About That** versuche ich ebenfalls, mehr Awareness zu schaffen, indem ich den Zuschauer*innen die Black Lives Matter-Bewegung nahebringe.

In meinem aktuellen Projekt arbeite ich mit Hadnet Tesfai und Tasha Kimberly in der neuen Talkshow **Five Souls** des SWR an mehr Sichtbarkeit von schwarzen Menschen im Fernsehen – vor allem aber geht es mal nicht nur um Rassismus, sondern um alltägliche Dinge, die allen Zuschauer*innen passieren.

"You are not alone. When you exist in spaces that weren't built for you sometimes just being you is a revolution!"
- BlackWomxnMatter
E. Welteroth

Übersetzung
Du bist nicht alleine.
Wenn du in Räumen existiert, die nicht für dich geschaffen wurden, dann ist es manchmal revolutionär, einfach du selbst zu sein!

A[illegible]TORIN & FOTOGRAFIN

Trish P. Schultz

"You can't use up creativity. The more you use, the more you have." - Maya Angelou

Übersetzung
Kreativität kann man nicht aufbrauchen. Je mehr man sie benutzt, umso mehr von ihr hat man.

Ich bin Autorin, Spoken-Word-Artist und Fotografin aus Bremen, wo ich Amerikanistik und Kulturwissenschaften an der Universität studierte.

Meine Texte erschienen unter anderem in Büchern wie „Rassismus auf gut Deutsch: Ein kritisches Nachschlagewerk zu rassistischen Sprachhandlungen" von Adibeli Nduka Agwu und Antje Lann Hornscheidt oder in „Arriving in the Future: Stories of Home and Exile" von Asoka Esuruoso und Philipp Khabo Koepsell. Für „Arriving in the Future" dient auch eines meiner Bilder als Cover.

Ich liebe auch das visuelle Geschichtenerzählen sehr, was sich stark in meiner Porträt- und urbanen Fotografie widerspiegelt. Meine Bilder sind auf instagram zu sehen unter:

@trishpschultzphotography

PERFORMANCE KUNSTLERIN

The Art of Zoe

Hallo, mein Name ist ZOE und ich bin freischaffende interdisziplinäre Performance-Künstlerin aus Düsseldorf. Ich bin hier geboren und aufgewachsen. Meine Mutter ist gebürtig aus Düsseldorf in Deutschland, mein Papa ist in Abomey, Benin geboren. Das liegt in Westafrika zwischen Togo und Nigeria. Seitdem ich denken kann, habe ich gerne gesungen, getanzt und Musik gehört. Ich habe kleine Shows performed und war immer schon sehr phantasievoll. Wenn man mich im Kindergarten gefragt hat, was ich mal werden möchte, wenn ich groß bin, habe ich ohne zu zögern gesagt: ‚Sängerin'. Im weitesten Sinne bin ich das dann auch geworden. Ich hatte das große Glück, von meiner Mama und durch verschiedene Projekte unterstützt und gefördert zu werden, indem ich Tanzkurse besucht und Musikunterricht erhalten habe. Genauer gesagt, habe ich Unterricht in **Hip Hop**, **Jazz** und **Modern Dance**, Gesangsunterricht und Klavierunterricht genommen. Dabei habe ich die Werkzeuge erlernt, die es mir jetzt ermöglichen, mich künstlerisch auszudrücken und als Künstlerin zu arbeiten.

Eine Kunstform, die meine Arbeit besonders geprägt hat, ist der Tanzstil **Voguing** aus der **Ballroom** Kultur. Voguing ist ein Tanz, der aus der Schwarzen und LatinX queeren Community von New York stammt. Weil Personen of Colour – insbesondere Schwarze Personen, die dazu auch queer sind – oft Diskriminierung erfahren, haben sie ihre eigene Gemeinschaft und Kultur kreiert, um sich selbst zu zelebrieren, sich kreativ auszudrücken und zu unterstützen. 2008 kam ich zum ersten Mal mit Voguing in Berührung. Und seit 2012 arbeite ich mit anderen Künstler*innen aktiv daran, die Ballroom-Kultur in Deutschland, insbesondere in der deutschen Theaterlandschaft, zu etablieren.

Ich denke, was mich an Ballroom so fasziniert, ist, dass es neben dem Tanzen und Performen eine familiäre Gemeinschaft ist, in der man sich bestenfalls gegenseitig unterstützt und empowered. Ich bin erst sehr spät mit meinen westafrikanischen Wurzeln und diesem Teil meiner Familie in Berührung gekommen und war immer ein Stückweit auf der Suche nach Zugehörigkeit und einem Zuhause. Dieses Gefühl wurde durch die Ballroom-Kultur bestätigt und ich als junge Erwachsene aufgefangen.

Als Performance Künstlerin ist man sehr kreativ und zeigt Kunst mit dem eigenen Körper; meistens auf einer Bühne – wobei die Bühne alles sein kann. In meinem Fall heißt das: Ich tanze, singe, schauspiele oder trage selbst geschriebene Texte, zum Beispiel Gedichte vor. Im weitesten Sinne erzähle ich Geschichten. Die Dinge, über die ich durch meine Kunst spreche, sind ganz unterschiedlich. In meinem letzten Bühnenstück beispielsweise habe ich mich mit moderner Magie und Hexen beschäftigt. Es handelt von weiblichen Personen, die magisch und mächtig sind, aber gleichzeitig gefürchtet, missverstanden, abgelehnt oder verurteilt werden. Es ist mir wichtig, Geschichten aus einer anderen, der ungehörten Perspektive zu erzählen, denn es ist nicht immer klar, wer gut und wer böse ist. Die persönliche Geschichte meiner Wurzeln spiegelt sich auch in meiner Kunst wieder. Oft geht es um Herkunft, die Zugehörigkeit zu Räumen und die Frage nach der eigenen körperlichen, emotionalen und spirituellen Identität.

Ich arbeite aktuell in Kooperation mit vielen Theatern. So läuft es meistens, denn Theaterbühnen brauchen Leute, die auf ihren Bühnen etwas zeigen. Ich habe dann eine Idee für eine Show, ein Bühnenstück oder ein Projekt und schlage sie den Theatern vor, und wenn es ihnen gefällt, werde ich eingeladen und natürlich auch bezahlt. Dabei ist es mir wichtig, dass alle Beteiligten fair, respektvoll und auf Augenhöhe miteinander arbeiten. Meine Arbeit macht mir sehr viel Spaß, weil ich meine eigene Chefin bin und mir meine eigene Arbeitsstruktur schaffe. Ich lerne immer neue Dinge, komme viel herum und treffe neue Menschen. Es ist aber auch anstrengend und herausfordernd, oft die Verantwortung für andere Menschen, die für mich oder mit mir arbeiten, zu tragen. Manchmal neige ich auch dazu, zu viel zu arbeiten. Man muss lernen, seinen eigenen Rhythmus und seine Kreativität zu respektieren, damit man sich nicht überanstrengt.

Ich hoffe, dass es in Zukunft noch mehr diverse Stimmen in der Kunst- und Kulturwelt gibt, damit noch mehr verschiedene Geschichten auf Bühnen, in der Musik oder auch in Filmen und Büchern erzählt werden. Ich glaube, dass das dazu beiträgt, unsere Gesellschaft ein wenig emphatischer, solidarischer, offener und vielfältiger zu machen.

Welche Vorbilder und Held*innen kennst du noch?

ABIGAIL
EDELE

AMINATA
TOURÉ

CARLOTTA
NWAJIDE

DR.
AMMA YEBOAH

ELLIOT
BLUE

FAYIM

JOHN
EHRET

JOSEPHINE
APRAKU

MARIELA
GEORG

MASEHO

AUGUSTO
CAPECE

BILAL
LEW

NATASHA
ELLY

DR. PIERRETTE
HERZBERGER
FOFANA

FURAT
ABDULLE

JANNICK
PHILIP

N
AH

MAIMUNA
SALLAH

MOLLEY
MORGAN

NICOLE
BENEWAAH
GEHLE

QUEENWHO

REN
DIALLO

TAHIR
DELLA

THELMA
BUABENG

LOOK AT US

GALERIE DER SCHWARZEN VORBILDER
& HELD*INNEN IN DEUTSCHLAND

LOOK AT US

GALERIE DER SCHWARZEN VORBILDER
& HELD*INNEN IN DEUTSCHLAND